幼児期の終わりまでに育ってほしい10の姿

無藤 隆
［編著］

東洋館出版社

PROLOGUE　今後の幼児教育とは

　2017年3月31日に幼稚園教育要領，保育所保育指針，幼保連携型認定こども園教育・保育要領が同時改訂（改定）されました。その改訂は，従来からの幼稚園・保育所・認定こども園のよさを継承し，発展させながら，その根幹を明確にし，良質な保育（幼児教育）を日本のすべての園で受けることを可能にしていこうとするものです。以下，その趣旨をいくつかの主要項目に沿って説明します。

幼児教育としての共通性を明確にする

　満3歳以上の幼児期の施設（すなわち，幼稚園・保育所・幼保連携型認定こども園）での教育を「幼児教育」と呼びます（時に，乳幼児期の教育を指しますが）。今回の改訂の主要なねらいは，幼稚園教育要領，保育所保育指針，幼保連携型認定こども園教育・保育要領の3歳以上について，その教育のねらいと内容を共通の規定とすることです。とはいえ，法律上は幼稚園と幼保連携型認定こども園は学校であり，保育所は児童福祉法上の児童福祉施設であり，学校ではありません。保育所はあくまで保育を必要とする子どもを預かる施設として規定されています。しかし，そうではあっても，保育所も幼稚園と同様の幼児教育を行うだけの実質が伴うようになってきたのです。

幼児教育と小学校以上の教育を貫く柱を確保する

　今回の改訂・改定の大きなポイントの2つ目が，幼児教育と小学校以上の教育を貫く柱を明確にするということです。その成長の基底にあり，乳児から18歳までさらにその先へと成長していく「力」の柱部分を「資質・能力」と呼びました。資質・能力によって，幼児教育と小学校以上の学校教育で育成される子どもの力を共通に表します。それは従来の学校教育の捉え方を引き継ぎつつ，知識・技能，思考力・判断力・表現力等，学びに向かう力・人間性等，という3つの柱を基本としています。それは今までの幼児期に相応しいやり方をさらに進め，その人間としての土台を形成していく力を上の段階の学校へと発展させていこうというのです。

保育のプロセスとしての環境を通しての保育

　保育者は，幼児との信頼関係を十分に築き，幼児が身近な環境に主体的に関わ

り，環境との関わり方や意味に気付き，これらを取り込もうとして，試行錯誤したり，考えたりするようになる幼児期の教育における見方・考え方を生かし，幼児と共によりよい教育環境を創造するように努めるものとするとされています。

幼児教育は環境を通しての教育（保育）です。幼児では，子どもが身近な環境で出会うすべてが「教材」です。そこに関わり，活動が展開し，子どもが発見し，学んで生きうるものなのです。そのためには，子どもの生活における主体性と自発的な活動としての遊びを確保しなければなりません。環境は，子どもの積極的な関わりがあって，子どもの発想が生かされていってこそ，学びが生まれるのです。そのことを「子どもの主体性を育てること」「遊びを大事にする」と呼んでいるのです。そこに関わり，子どもの活動を援助するのが専門家である幼稚園教諭や保育士・保育教諭です。

全体的な計画・指導計画

各園においては，全体的な計画と指導計画の2段階で計画を作成します。幼稚園でも保育所でも認定こども園でも，全体的な計画に基づき，具体的な教育・保育が適切に展開されるよう，子どもの生活や発達を見通した長期的な指導計画と，それに関連しながら，より具体的な子どもの日々の生活に即した短期的な指導計画を作成することとします。要するに，目標・ねらいをまとめたものが全体的な計画であり，指導計画は長期・短期に子どもの状況，その他に応じて柔軟に変更を含めて展開するものなのです。

カリキュラム・マネジメント

「資質・能力」と5つの領域，さらに「幼児期の終わりまでに育ってほしい姿」を踏まえ全体的な計画を編成し，指導計画を通してその実施状況を評価してその改善を図っていくこと，実施に必要な人的又は物的な体制を確保するとともにその改善を図っていくことなどを通して，組織的かつ計画的に教育活動の質の向上を図っていくことに努めるものとされています。これを「カリキュラム・マネジメント」と呼びます。保育所ではその用語はありませんが，同趣旨の言い方が盛り込まれています。

養護とは

保育所保育指針及び幼保連携型認定こども園教育・保育要領において，保育における養護とは，子どもの生命の保持及び情緒の安定を図るために保育士等が行う援助や関わりであり，保育所における保育は，養護及び教育を一体的に行うこ

とをその特性とするものであり，保育所における保育全体を通じて，養護に関するねらい及び内容を踏まえた保育が展開されなければならないと示されています。実は幼稚園教育要領においても，幼児は安定した情緒の下で自己を十分に発揮することにより発達に必要な体験を得ていくものであることを考慮して，幼児の主体的な活動を促し，幼児期にふさわしい生活が展開されるようにすることとされており，養護の用語はともかく，養護と同様の趣旨が盛り込まれていることが分かります。生命の保持は，学校保健安全法に記されています。

幼児教育の資質・能力

資質・能力の3つの柱は幼児期に相応しく，次のように言い換えられています。

(1) 「知識及び技能の基礎」：豊かな体験を通じて，感じたり，気付いたり，分かったり，できるようになったりする。
(2) 「思考力，判断力，表現力等の基礎」：気付いたことや，できるようになったことなどを使い，考えたり，試したり，工夫したり，表現したりする。
(3) 「学びに向かう力，人間性等」：心情，意欲，態度が育つ中で，よりよい生活を営もうとする。

第1は簡単に言えば気付く力であり，できる力です。第2は考える力です。特に試し工夫する場面で発揮されます。第3は学びに向かう力などです。心が動かされ，そこでやってみたいことが生まれ，それを粘り強く取り組んで完成に向かわせます。そういった心情と意欲と態度がつながって，頑張る力へと発展していくのです。それらは，幼児の遊びの中で相互につながり合って育っていくものです。総合的な指導がまさに必要になります。

幼児期の終わりまでに育ってほしい姿

資質・能力は，保育内容の5つの領域におけるねらい及び内容に基づく活動全体によって育むものです。その資質・能力が保育内容のねらい・内容の中でどのように伸びていっているかを示すものが「幼児期の終わりまでに育ってほしい姿」です。これは，保育内容のねらい及び内容に基づく活動全体を通して資質・能力が育まれている幼児の園修了時の具体的な姿であり，教師が指導を行う際に

考慮するものです。

「姿」であることに大事な意味が込められています。それは「力」でもなく，「行動」でもなく，具体的に様々な活動を通して見えてくる子どもの様子であり，保育者がそこに関わり，思い当たることが多いからこそ「姿」と呼びます。さらに，この10の姿は乳児期さらに3歳から少しずつ育ってきて，それが5歳後半の段階で10の姿に分かれていっているのです。そして小学校に入って，スタートカリキュラムが始まり，徐々に教科等の授業へと移行しますが，幼児期に完成するということではなく，「なっていく」姿なのです。10の姿は乳幼児の活動全体を通して，そこに向かって伸びていく様子なのです。比較的短い期間で意識するねらいと内容，乳幼児期全体の育ちの方向性として意識する10の姿，そして乳児から大人になっていく極めて長期の成長としての在り方である資質・能力という3段階の構成により，幼児教育が構造化されているのです。

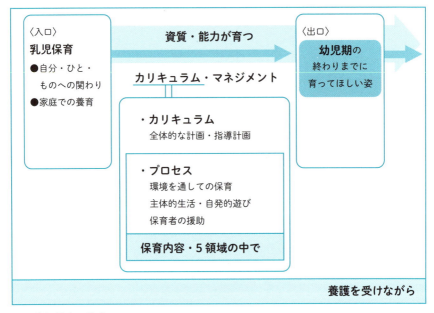

図　幼児教育の構造

（無藤　隆）

目　次
CONTENTS

幼児期の終わりまでに育ってほしい10の姿

| PROLOGUE | 今後の幼児教育とは ································· 1 |

| CHAPTER 1 | 「幼児期の終わりまでに育ってほしい姿」とは ················ 9 |

生まれた瞬間から始まる０歳児からの教育 ································· 10
これからの１・２歳児の保育の在り方を考える ··························· 14
これからの幼児教育の在り方を考える ····································· 18
乳幼児期の子どもの教育の在り方とは ····································· 22
幼児期に育みたい資質・能力とは ··· 26
幼児期にはどのような「見方・考え方」があるのか ······················· 30
「幼児期の終わりまでに育ってほしい姿」とは ····························· 34

幼児期の終わりまでに育ってほしい10の姿

①健康な心と体 ·· 38
②自立心 ··· 40
③協同性 ··· 42

④道徳性・規範意識の芽生え ……………………………………… 44

⑤社会生活との関わり ……………………………………………… 46

⑥思考力の芽生え …………………………………………………… 48

⑦自然との関わり・生命尊重 ……………………………………… 50

⑧数量や図形，標識や文字などへの関心・感覚 ………………… 52

⑨言葉による伝え合い ……………………………………………… 54

⑩豊かな感性と表現 ………………………………………………… 56

幼児期における「主体的・対話的で深い学び」の姿とは ……… 58

幼稚園におけるカリキュラム・マネジメントとは ……………… 62

幼小接続とスタートカリキュラム ………………………………… 66

全体的な計画の作成の重要性 ……………………………………… 70

COLUMN 1

保護者等に「幼児期の終わりまでに育ってほしい姿」について
どのように共通理解を図るか ……………………………………… 74

CHAPTER 2 事例 「幼児期の終わりまでに
育ってほしい姿」とその見取り ……… 77

実践をする上で，「幼児期の終わりまでに育ってほしい姿」を
どう意識していくか ………………………………………………… 78

- 事例1・3歳児未満　自分で気付き興味をもとう，納得いくまで探究しよう ……… 82
- 事例2・3歳児未満　何だろう，不思議さの入り口 ………………………………… 88
- 事例3・3歳児未満　イメージを身体や言葉で表現しよう ………………………… 94
- 事例4・3歳児　友達と創り出す遊びの楽しさ …………………………………… 100

事例5・3歳児	安心して社会と触れ合う基礎となる体験を	106
事例6・3歳児	園児の学び合いを大切にしよう	112
事例7・4歳児	気付きを大切にし，自信をもって粘り強くやってみよう	118
事例8・4歳児	連続した遊びの中で「思考力の芽生え」を培う	124
事例9・4歳児	やりたいことに向かって繰り返し取り組む	130
事例10・5歳児	何個食べたのかな？　数えてみよう	136
事例11・5歳児	中当てをやってみよう！	142
事例12・小学校1年	「がっこうたんけん」	148
事例13・小学校1年	スタートカリキュラムから学校探検へ	154

COLUMN 2

「幼児期の終わりまでに育ってほしい姿」が学力向上や社会で活躍する鍵になる?! ……160

CHAPTER 1

「幼児期の終わりまでに育ってほしい姿」とは

―これからの乳幼児教育を考える―

生まれた瞬間から始まる
0歳児からの教育

　これまでの「赤ちゃん」というイメージを根底から覆す研究が，様々なところで話題となっています。脳科学，心理学，神経科学，発達学そして赤ちゃん学などの研究が進み，最近は生まれて間もないころからよちよち歩きのころが最も学習能力が高いのではないかとも言われるようになっています。このことは，私たちのこれまでの予想をはるかに超えていると思われます。これまでの指針でも述べられているように乳児保育は養護的な側面が強く，安定した生活，安全な環境を保障することに力を注いで，遊びという教育的側面では乳児が自分からは遊べない時期であるからと，発達に応じた遊びを「保育者が提供する」という捉え方も多くありました。このような場合は，本来乳児のもつ様々な能力に保育者は気付かないまま，見過ごしている可能性もあるのではないでしょうか。乳児は日々発達し，様々なことに興味をもち，目で見，触れ，表情や行動で表現し，言葉はなくとも「ねえ，見て見て」「これは何？」「どうして？」と保育者に問いかけています。乳児の傍でそのことに気付き，心を動かし，応答的に表情豊かに答え，関わる保育者の存在こそが発達を支え・促すと実感し，実践している保育者も少なくないでしょう。

　今回の改定から乳児は0歳児と明確に位置付けられ，保育の内容を明示しました。「養護と教育を一体的に展開する」ことについては，指針の保育内容の重要な柱であることに変わりありません。この柱を元に，乳児の発達を支えていく保育を「乳児期からの学び」として，3つの視点から保育を展開していくことが詳しく述べられています。

領域につながる発達の3つの視点から

　本項においては，この時期の発達の特徴を踏まえ，乳児保育の「ねらい」及び「内容」については，身体的発達に関する視点「健やかに伸び伸びと育つ」，社会的発達に関する視点「身近な人と気持ちが通じ合う」及び精神的発達に関する視

点「身近なものと関わり感性が育つ」としてまとめ，示していきます。
① 「健やかに伸び伸びと育つ」

　ア　健やかに伸び伸びと育つ
　　健康な心と体を育て，自ら健康で安全な生活をつくり出す力の基盤を培う。
　㈎　ねらい
　①　身体感覚が育ち，快適な環境に心地よさを感じる。
　②　伸び伸びと体を動かし，はう，歩くなどの運動をしようとする。
　③　食事，睡眠等の生活のリズムの感覚が芽生える。

　母親の体内で育まれた生命が外界に出た瞬間，個体として生きることを余儀なくさせられるのが人間です。自身で肺呼吸をし，乳汁を与えられて吸い付く，眠くなったら眠る，という繰り返しの中で，次第に生きるための力を蓄えていきます。数か月で自力で目の前の物をつかむ，欲求を満たすために泣く，声を出して呼ぶ，目が見えるようになると人や物を目で追う，やがて相手をしてほしい人を見分けることができるようになるのです。どんなに精巧なロボットをつくってもこの人間の学習過程，発達過程をプログラムすることが果たしてできるのでしょうか。このように人は誰にスイッチを入れられるわけでもなく，すべて自力で生きる術を身に付けられるようになります。保育所により，生後57日目からの0歳児保育が始まります。特に抵抗力が弱い存在として，安全，保護，養護をまず第一に保育が行われています。しかし，生きるための学習はすでに体得しています。その生きる力を蓄えつつ，もてる能力を最大限発揮できる環境が0歳児保育にとって重要なのです。ひたすら守るべきという保育ではなく，いかにその力を伸ばしていくかを，1人1人よく見極めながら考えることが求められます。

② 「身近な人と気持ちが通じ合う」

　イ　身近な人と気持ちが通じ合う
　　受容的・応答的な関わりの下で，何かを伝えようとする意欲や身近な大人
　　との信頼関係を育て，人と関わる力の基盤を培う。

　保育は広い意味で人間教育と考えます。紛れもなく0歳児からの教育は，それそのものです。0歳児1人1人がこれほど自分を主張し，人間味あふれる存在だったことに感動すら覚えるのではないでしょうか。今，何を求めて，何がしたい

か，どうありたいか，丁寧に応答的に関わり読み取ること，そこから０歳児保育が始まります。飲み，食べ，眠り，体を動かして遊ぶ，１日24時間を心地よく過ごせる空間，時間があり，そこで生き生きと自分を表出するのです。保育者はその傍らに共にある存在として近付き過ぎず，離れ過ぎずに眼差しを送り，声をかけながら，自立に向け手を差し伸べます。人と関わることが心地よい経験として体に染み込むようになると，やがて人が相手をしてくれるのを心待ちにし，嬉しそうな表情で応じるようになります。喜びが増幅して双方に伝播していきます。このことは一方的に相手をされる乳児と捉えるのではなく，「乳児から発する応答的な力が大人の気持ちをゆり動かす」とも考えられます。このように乳児の存在そのものが人と人をつなぐことになり，人間関係の基盤がつくられていくのです。

③「身近なものと関わり感性が育つ　身近な環境に興味や好奇心をもって関わる」

> ウ　身近なものと関わり感性が育つ
> 　身近な環境に興味や好奇心をもって関わり，感じたことや考えたことを表現する力の基盤を培う。
> ㈠　ねらい
> ①　身の回りのものに親しみ，様々なものに興味や関心をもつ。
> ②　見る，触れる，探索するなど，身近な環境に自分から関わろうとする。
> ③　身体の諸感覚による認識が豊かになり，表情や手足，体の動き等で表現する。

生後数か月であっても，見えるモノ，触れるモノ，匂いのするモノ，聞こえるオトに囲まれている乳児。首が回せる，姿勢を変えられる，前に，後ろに少し動けるようになると自らモノに手を伸ばし，近付いていきます。陽の光がゆらゆらと天井に映る情景も，窓を打つ雨の雫にも，なんだろうと不思議な世界へと導かれるように興味を抱くのです。手に触れるモノの感触，舐める，叩く，擦る，転がす，引き寄せる，その１つ１つの行為を楽しんでいます。安全で衛生的な環境が前提となりますが，五感を大いに働かせて遊ぶ素材，道具は豊かであればあるほど，遊びの世界が広がります。寝返りからお座り，這い這いからつかまり立ち，１人立ち，やがて歩行へと一生で最もダイナミックな発達の過程を経て，探究する世界はさらに広がっていくのです。興味を抱いたものに没頭し，じっと見つめ続ける，何度でも繰り返して試してみるなど，小さな科学者の姿を垣間見ているようです。

そして，豊かな素材や環境に関わることで五感を十分に働かせ，感じたものを身体を通して全身で表現しようとします。発見した感動や驚きを目で，あるときは手の動きで，あるときは声を出し，周囲に伝えようとします。その仕草や表情は，言葉以上に繊細な表現も感じさせてくれるものです。

養護と教育の一体化について

　今回の保育所保育指針の改定では「養護」は総則の第1章で述べられています。

(1) **養護の理念**　保育における養護とは，子どもの生命の保持及び情緒の安定を図るために保育士等が行う援助や関わりであり，保育所における保育は，養護及び教育を一体的に行うことをその特性とするものである。保育所における保育全体を通じて，養護に関するねらい及び内容を踏まえた保育が展開されなければならない。

　これまでも「養護」は，保育の内容で「生命の保持及び情緒の安定」として述べられています。今回，総則に掲げられたことで保育所全体に関わる方針として取り組む基本的事項でもあると言えます。「保育を行うためには養護的な環境」は不可欠であり，乳児をはじめ子どもたちが安心して居心地よく過ごせる環境で保育が行われることを意味しています。空間として安全で快適に過ごせること，温かい雰囲気の中で子どもとの応答的なやりとりが行われていること，日々の生活が落ち着いていること，その上で生活，遊びや活動に主体的に，集中して遊びに取り組める保育が行われるようにと述べられています。0歳児期は特に，生活面で保育者に援助を受けることがほとんどです。しかし，授乳という行為であっても，乳児が自ら乳首を口に取り込める働きかけをしたり，衣服を変える際に自分から手や足を出す働きかけをしたりと，自立に向けた養護的な関わりが数多くあります。不快感を感じたり，空腹感を感じたり，甘えや欲求を表出するときには常に優しく受け止め，温かい雰囲気で応じています。このように乳児期は，**「養護と教育を一体的に展開する」**ことが保育の中で日々繰り返されています。

　これまでの指針では乳児の保育（0歳児保育）は「ねらい」「内容」までは述べられていませんでしたが，今回はそれに加え，「内容の取扱い」として新たに詳細な配慮事項が述べられています。乳児の保育を実践する際には，この項をもとにこれまで以上に丁寧な保育を展開することが求められるのです。　　　　（松永　静子）

これからの1・2歳児の保育の在り方を考える

1・2歳児の保育の基本的理解

　1・2歳児は，歩き始めから基本的な運動機能が次第に発達し，排泄の自立のための身体的機能も整うようになります。興味の幅が広がり，つまむ，めくるなどの指先の機能も発達し，食事，衣類の着脱なども，保育士（保育教諭）の援助の下で自分で行うようになります。発声も明瞭になり，語彙も増加し，自分の意思や欲求を言葉で表出できるようになります。

　このように1・2歳児は，運動機能・身体機能とともに，情緒面，言葉，人との関わりの発達が絡まり合いながら大きく成長していく時期です。さらに「情緒的な絆」や「自分でしようとする気持ち」の育ちが保障される必要があります。乳児期からの保育の積み重ねは，その後の成長や生活習慣の形成，社会性の獲得にも大きな影響を与えるものであり，子どもの主体性を育みながら保育を行うことが重要であります。また，保育士（保育教諭）との信頼関係の構築により基本的信頼感を形成することは，生涯を通じた自己肯定感や他者への信頼感，感情を調整する力，粘り強くやり抜く力などの，いわゆる**非認知的能力を育むことにもつながる**ものです。保育士（保育教諭）が子どものサインを適切に受け取り，子どもたちの自己選択を促しつつ，温かく応答的に関わっていくことが重要です。

今回の改定における3歳未満児の保育に関する記載の充実

　発達の特性と合わせて保育内容を示すとともに，養護の理念を総則で重点的に示しています。「0・1・2歳児の保育に関する記載の充実」は，具体的には，「乳児（0歳）」「1歳～3歳未満児」「3歳以上児以降」に分けて「ねらいと内容」が示された点に表れています。また，0歳の保育の在り方を5領域で示すのではなく，3つの視点で示していることが目新しいことです。子どもたちの身体的・社会的・精神的発達の基盤を培うという基本的な考え方を踏まえた上で，

「健やかに伸び伸びと育つ」とは，「健康」の領域の保育内容との連続性を意識する。「身近な人と気持ちが通じ合う」とは，「言葉」「人間関係」の領域の保育内容との連続性を意識する。「身近なものと関わり感性が育つ」とは，「表現」「環境」の領域の保育内容との連続性を意識する，といった視点から，保育の内容等を記載し，実際の保育現場で取り組みやすいものとなるよう整理・充実を図ることが考えられています。1歳～3歳未満児は5領域（健康・人間関係・環境・言葉・表現）で示されていますが，3歳児以上と同じねらいと内容ではなく，発達の特性を踏まえたねらいと内容として示されています。

3つの年齢枠のねらい及び内容・配慮事項について

○幼児期及び満1歳以上満3歳未満の園児の**各時期の発達の特徴**を示し，それぞれの保育の**ねらい及び内容**を乳幼児の発達の側面から視点と領域としてまとめ，**新たに記載**した。
○満3歳以上の園児の教育及び保育に関し，近年の子どもの育ちをめぐる**環境の変化等を踏まえ**，教育及び保育の内容等を改**善・充実**した。
○乳幼児期，満1歳以上満3歳未満の各時期及びその他教育及び保育の全般における**配慮すべき事項**について，それぞれ明確化した。

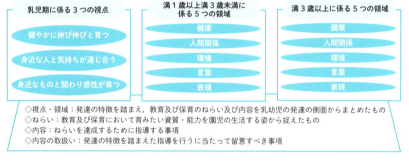

（出典　幼保連携型認定こども園合同会議資料を参考に著者一部改編）

更に，この5領域の記述の中に，「内容の取扱い」の項目が入り，配慮すべき点が示されましたので，カリキュラム作成や評価省察の際に，参考にしやすくなると思います。また，1・2歳児は「生命の保持及び情緒の安定」という養護の側面が特に重要な時期です。養護と教育の一体性をより強く意識して保育が行われることが求められます。養護とは，子どもの生命の保持や情緒の安定を図るために保育士（保育教諭）が行う援助や関わりだと説明されているので，養護には，生理的欲求への対応だけではなく，気持ちの交流も含まれると解釈されます。

例えば「おむつ替え」では，保育士（保育教諭）が声をかけずに『黙って』交換しても，「生命の保持」の側面は実践されます。しかし，子どもの生理的欲求

が満たされるそのときに「気持ちが悪かったけれど，さっぱりしたね」と，言葉を添えながら表情豊かに穏やかに対応し，腹部をマッサージすると子どもは五感の中の「聴覚」や「触覚」が刺激され，この体感が気持ちのよいことなのだと認識します。これがまさに養護と教育の一体性を意識した対応であり，「健康」「言葉」「人間関係」の視点と言えます。加えて子どもは交換後に気持ちよさを言葉や身体で表現したりすることもあり，「表現」「環境」の「5つの領域に関する学び」が，大きく重なり合いながら，生活や遊びの中で育まれていくのです。

「資質・能力の3つの柱」とは？

「幼児期の資質・能力」は，「知識及び技能の基礎」「思考力，判断力，表現力等の基礎」「学びに向かう力，人間性等」の3つの視点で示されています。

例えば，2歳児後半の園児3名の子どもが積み木を積んでいくことに挑戦している場面を考えてみましょう。子どもたちは「高く積もうね」と，積み木を慎重に積んでいます。その土台には，「何度も崩れながらも次第に高くなっていくことが嬉しい，楽しい」という心情や，「もっと高くしたい」という意欲（＝学びに向かう力）があります。さらに少し深く見ると，その遊びの中で「重ね方の工夫」という気付き（＝知識，スキル）が生まれ，「安定して積むためにはこうしたらよいのではないか」「床が平らなところがよさそうだ」という知性（＝思考力や判断力）が生まれています。そう考えると，乳児期の遊びの中にも先に述べた「資質・能力」の3つの柱の芽が含まれていると言えます。そして，年長児後半になると，遊びの中で特に顕著に見られるようになる姿を10個の視点からまとめたものが，「幼児期の終わりまでに育ってほしい姿」と言われるものです。これらは，5領域のねらい・内容を意識した保育実践を通して様々な経験・育ちが積み重ねられる中で，年長児の後半から終わりに特に育ちが著しい子どもの姿を整理したものです。そのため，これまでの保育ががらりと変わるというわけではなく，子どもの姿を捉える視点がこれまで以上に整理されたものと考えるとよいでしょう。幼児期の終わりまでに育ってほしい10の姿の一部を1・2歳の姿として具体的に見てみると，以下のように考えられます。

(ア) 健康な心と体に関わる視点
　（愛着の形成が基本）安心できる保育士（保育教諭）の姿を確認しながら遊ぶことや，食後のうがいを「ブクブクペッ」と行う姿は，自らが安心でき，健康な生活をつくり出すようになる。
(イ) 自立心に関わる視点・(ウ) 思考力の芽生え
　半ズボンを自分で履こうとして足を同じ方向に入れる等，試行錯誤・工夫しながら諦めずやり遂げることで達成感を味わい自信をもって行動するようになる。
(エ) 自然との関わり・生命尊重
　窓から差し込む朝日の光をキラキラしてるけどつかめない。「先生の影踏んじゃった。でも先生が動くと地面の黒い影が動く」等，身近な事象への関心が高まる。
(オ) 数量や図形，標識や文字などへの関心・感覚
　カード落とし・パズルボックス遊び・おやつ時に1人が2つ選択する等，遊びや生活の中で数量・図形等に親しむ体験から興味・関心をもつようになる。
(カ) 言葉による伝え合い
　「いれて」「だめよ」「ただいま」「おかえり」等，保育士（保育教諭）とのやり取りの中から経験したことや考えたことを言葉で伝えようとするようになる。
(キ) 豊かな感性と表現
　人形を寝かせ布団を掛けたり，とんとんしたりする。「ママみたいにお鍋をかきまぜよう，ママみたいなエプロンつけてね」等，様々な素材の特徴や表現の仕方を知り，感じたことや考えたことを自分で表現するようになる。

このように1，2歳児の保育であっても，10の姿から子どもを見ることは可能であり，計画や振り返り，記録のヒントにすることができます。全体的な計画や児童表・保護者支援にも活用していきたいものです。

(寺田 清美)

これからの幼児教育の在り方を考える
―教育保障としての幼児教育の一体化―

　このたびの要領・指針の改訂（改定）において注目すべきことの1つは、3～5歳児の幼児教育について、整合性が図られ、一体化されたことです。
　『教育基本法』では、「幼児期の教育」について、以下のよう記されています。

> （幼児期の教育）
> 第11条　幼児期の教育は、生涯にわたる人格形成の基礎を培う重要なものであることにかんがみ、国及び地方公共団体は、幼児の健やかな成長に資する良好な環境の整備その他適当な方法によって、その振興に努めなければならない。

　ここでは、「生涯にわたる人格形成の基礎を培う」幼児期の教育が重要であることが位置付けられ、その対象は、**すべての子どもです**。よって、公私園種を越えて連携を図り、共通に定められた幼児期の「ねらい」や「内容」を保障することが大切です。つまり、幼児教育の一体化が図られたのは、公私園種によらず、質の高い幼児教育を目指すからであり、基準を満たしつつ、かつ、**各園や地域の独自性を活かした幼児教育が保障されることが大切です**。家庭教育環境の多様性が大きくなってきたと言われる多元文化価値社会において、幼児教育のガイドラインの一体化による子どもの教育保障は、格差是正にもつながるものです。幼児教育の質の維持と向上が、今後ますます大切になってくるのです。

接続期教育の重要性

　これからの幼児教育は、その独自性と重要性を確認しつつも、産まれてから大人になるまでの次世代育成の一時期の部分に当たることを認識しなければなりません。そもそも次世代育成の制度は、人工的に創られたものです。よって、その

制度は国や地域によって多様です。世界に目を向ければ，誕生から数週間で集団保育が可能であったり，1歳から9割の子どもが幼稚園に通っていたり，4歳から義務教育が始まったり，お誕生日を迎えると順番に小学校に入学したりと，多様です。これらの制度は人工的につくられたものなので，途中で変わることもあります。一方，子どもの育ちは，発達の特徴が表れる時期が前後したり，その発達の特徴が見られる期間の長短が異なったりしますが，その順序性には一般性があるという特徴があります。これらを踏まえると，園や学校制度による大きな段差や，入学等に伴う子どもの不安感の増加，自尊感情の喪失などがないように，私たち大人は，より滑らかな接続期の在り方を模索する必要があります。

この度の要領・指針の改訂（改定）では，産まれてから大人になるまでの次世代育成の一貫性を系統的に示すために，「育成を目指す資質・能力の3つの柱」（表1）が示され，この3つの柱のそれぞれについてその礎が幼児教育によって培われることが整理されました。また，この3つの柱を踏まえつつ，幼児期における豊かな経験により育まれた子どもの育ちや学びの姿をより分かりやすく小学校教育につなげるために，「幼児期の終わりまでに育ってほしい姿」が示されました。

これまでの小学校教育では，園での育ちや学びの姿を踏まえず，小学校教育を「ゼロ・スタート」と位置付けるケースが見られました。各園が個々の子どもについて記録し，小学校に提出している保育・教育要録を参考にしていなかったり，教育の大きな段差や逆転現象があったりといった小学校教育の課題は，この度の要領・指針の改訂（改定）とともに縮減されることが期待されます。

この度改訂された小学校学習指導要領では，**園での育ちや学びの姿を踏まえ，それを前提とした1年生の授業づくりの必要性が明示されました**。主体的で自発的な遊びや生活の中で，子どもがどのように育ってきたのか，その姿を公私園種を越えて，すべての園が小学校に具体的に伝えることにより，滑らかな接続が

表1：資質・能力の3つの柱

(1) 豊かな体験を通じて，感じたり，気付いたり，分かったり，できるようになったりする「知識及び技能の基礎」
(2) 気付いたことや，できるようになったことなどを使い，考えたり，試したり，工夫したり，表現したりする「思考力，判断力，表現力等の基礎」
(3) 心情，意欲，態度が育つ中で，よりよい生活を営もうとする「学びに向かう力，人間性等」

進むことが期待されます。

幼児教育の重要性と独自性の確認

　「幼児期の終わりまでに育ってほしい姿」は，これまでに幼児教育の独自性を表してきた5領域の内容を踏まえたものです。平成22年に取りまとめられた「幼児期の教育と小学校教育の円滑な接続の在り方について（報告）」では，日本各地の幼児教育及び小学校教育の現場の実践事例に基づく，カリキュラム開発研究の成果が結集し，具体的な姿をもとに幼児教育と小学校教育の相互理解が可能となるための項目として12の姿が提示されました（表2）。これが活かされて「幼児期の終わりまでに育ってほしい姿」が要領・指針に明示されました。よって，10の姿は，実践事例から事後に検討され抽出された，子どもの様子のまとまりの姿であり，到達度評価などではなく，あくまでも滑らかな接続期教育を具現化するための説明言語として，活用可能なものであると考えます。

　小学校教育は教科主義的教育であり，教科書があり，到達目標をあらかじめ「めあて」として設定し，その目標に向かって子どもたちが自覚しながら学びます。より効果的に学ぶことができるように手順や教材が決まっている，系統的な教育です。一方，乳幼児期の教育は，経験主義的であり，目的志向型ではなく，子どもの心（好奇心・探究心・憧れ）を起点とし，感性や感覚を働かせて，リアリティのある経験を通じて育ち学ぶ教育です。カリキュラムは子どもとの相互作用の中で臨機応変に改変しながら開発されています。両者の違いから，幼児期の経験に基づく育ちや学びの姿を5領域で説明した場合，小学校教員には，具体的にイメージしにくく，理解が難しいようです。一方で，経験の中に多様に埋め込まれている育ちの姿を教科とその内容に当てはめて説明することは，保育者にも違和感があることと思います。「幼児期の終わりまでに育ってほしい姿」は，子

表2：幼児期の終わりまでに育ってほしい幼児の具体的な姿のイメージ

1．健康な心と体	7．思考力の芽生え
2．自立心	8．自然とのかかわり
3．協同性	9．生命尊重，公共心等
4．道徳性の芽生え	10．数量・図形，文字等への関心・感覚
5．規範意識の芽生え	11．言葉による伝え合い
6．いろいろな人とのかかわり	12．豊かな感性と表現

どもの育ちを保育者が「見取る」上での視点ともなります。幼児期の遊びや生活の中での子どもの育ちや学びの姿が，より具体的に小学校教育の授業づくりにつながっていくことが，今後ますます期待されます。

すべての子どもに質の高い幼児教育を保障する次世代育成のコミュニティづくりへ

2・3歳の時期の自己中心的な特徴を過ぎると子どもたちは，他者への関心が高まります。「～ね」という共感を表す言葉は，一般的に2歳で獲得されます。3歳は「ごっこ遊び」の宝庫とも言われます。よって，その時期の子どもの発達や姿とそれに適した個別援助や集団援助の知識と技術と実践力を有する保育専門職のいる園において，**同世代の友達と過ごす集団保育は子どもにとって保障すべき必要な教育です。**このことは，今世紀に入って，保育学や，教育学，心理学のみならず，脳科学，労働経済学等の多くの研究成果により明らかにされてきました。

すべての子どもに3年以上の幼児教育を保障することは，この時期にこそ育てたい**非認知的能力を育むこと**につながります。非認知的能力とは，記憶や計算，IQなどテストで問うことができない能力です。自尊感情，粘り強さ，思いやりの心，規範意識などを指します。これらは，主体的で自発的な遊びや生活の中で，他者と関わりながら，感情を伴い，経験を蓄積することにより育まれるもので，非認知的能力は認知的能力の育ちにもつながる力であり，乳幼児期にこそ育てたい力と言われています。

集団保育については，例えば，家庭では形質や，趣味嗜好，感性が類似し，実際の生活も一緒であるために，画一的になりがちですが，園では様々な趣味嗜好，得意分野，家族形態，性格の子どもたちが共に育ちます。よって家庭では育み難い，多様性に対する寛容性や，知性への多様な扉を開くことが期待されます。

公私園種を越えた連携協力により，すべての子どもに質の高い幼児教育を保障することこそが，国際化，情報化，人工知能化と言われるこれからの時代の子どもたちの生きる力の基礎を育むことにつながります。3つの柱を踏まえて，園での育ちや学びの姿を可視化し，発信していくことが，滑らかな接続期教育を具現化します。次世代育成のコミュニティ創りがこれからの幼児教育には期待されるのです。

（北野 幸子）

乳幼児期の子どもの教育の在り方とは

乳幼児期の子どもの教育の場

　今回の改訂の大きな柱は，**「社会に開かれた教育課程」**です。この背景には，子どもを取り巻く環境の急激な変化を受け，教育は学校だけで行うのではなく，社会全体で責任を負うことが求められ，教育基本法が，制定以来約60年ぶり（平成18年）に改正されたことがあると言えます。この改正により，教育の憲法とも言われる教育基本法に，家庭教育や幼児期の教育についての条文が初めて記載され，乳幼児期の教育の重要性がクローズアップされました。

教育基本法
第10条（家庭教育）
　　父母その他の保護者は，子の教育について第一義的責任を有するものであって，生活のために必要な習慣を身に付けさせるとともに，自立心を育成し，心身の調和のとれた発達を図るように努めるものとする。
2　国及び地方公共団体は，家庭教育の自主性を尊重しつつ，保護者に対する学習の機会及び情報の提供その他の家庭教育を支援するために必要な施策を講ずるよう努めなければならない。
第11条（幼児期の教育）
　幼児期の教育は，生涯にわたる人格形成の基礎を培う重要なものであることにかんがみ，国及び地方公共団体は，幼児の健やかな成長に資する良好な環境の整備その他適当な方法によって，その振興に努めなければならない。

　教育とは，広義には，教育基本法第1条に示す「人格の完成を目指し，平和で民主的な国家及び社会の形成者として必要な資質を備えた心身ともに健康な国民

の育成を期して」行われる教育があり，家庭教育も含まれます。狭義には，同法第6条の「法律に定める学校」において行われる学校教育があります。

　これらのことから，**乳幼児期の子どもの教育の場として，家庭教育があり，それを支援するとともに，集団の場で教育する幼児教育の施設がある**ことになります。

　幼稚園と幼保連携型認定こども園における教育は，学校教育であり，広義の教育を含んでいます。保育所は学校教育ではありませんが，広義の教育を集団の場である施設で行うことにより，学校教育に近付きます。また，幼稚園教育要領と幼保連携型認定こども園教育・保育要領の改訂に当たり，保育所保育指針の改定も並行して検討され，教育に関する内容については統一した形で平成29年3月に同時に改訂されたことからも，3つの幼児教育の施設で行われる教育が近付いたと言えます。言い換えると，**乳幼児期の子どもの教育について，どの施設に通う子どもも，質の高い学校教育（あるいはそれと同等の教育）を受けることが保障された**と言うことができるのです。

乳幼児期の発達や学びの特性

　乳幼児期の発達や学びの特性は，例えば，砂山をつくることに夢中になっている中で，砂の特性に気付いたり，友達と一緒にドッジボールを楽しむ中で，ボールを扱う技能を身に付けたりルールを守る必要性に気付いたりすることです。子どもは，白い砂は乾いているからサラサラで，黒い砂は湿っているから固まりやすいなどと論理的に説明することはできませんが，「ここの黒い砂でお団子をつくって，あっちの白い砂をかけると固いお団子になるんだよ」などと話します。白い砂と黒い砂の特性が違うことを感じ取っているのです。こうした感覚的に捉えているイメージが，後の科学的な思考を支えるのであり，遊びを通して総合的に学ぶ無自覚的な学びです。これが乳幼児期の発達や学びの特性であり，子どもが能動的に周囲の環境に関わる中で，様々なことを感じたり，考えたり，気付いたりする経験を積み重ねていくことで，知識・技能の基礎や，思考力・表現力・判断力の基礎，学びに向かう力・人間性等を身に付けていくのです。

　それに対し，小学校以降の教育は，教科等の学問体系に基づいて配列されている学習指導要領に沿って授業が展開されます。それぞれの授業では，何を学ぶのか，めあてに向かって自覚的な学びが成立しているのです。

いずれの教育の場でも，教育を受ける者の心身の発達に応じて行う教育という点においては共通ですが，**保育者には，乳幼児期の発達や学びの特性を捉えつつ，入園から修了までの見通しをもって子どもたちの生活や遊びを充実させることが求められます。**なぜならば，遊びを通しての総合的な指導の過程で，子どもの学びが深まり，「幼児期の終わりまでに育ってほしい姿」を育むことにつながるからです。

乳幼児期の教育を行う保育者の専門性

　乳幼児期の教育を充実させ，子どもの学びを豊かにするため，保育者には様々な専門性が求められますが，特に以下のような力量を高める努力が望まれます。

1．子どもを理解し，遊びを通して総合的な指導をする力

　子どもが存分に自分を発揮し，のびのびと園生活を展開できるようするためには，まず，保育者との温かい関係によって，子どもが安心して過ごせる環境が必要です。そこで，保育者には，子どもの言動から1人1人の発達の状況について理解し，共感的に受け止める姿勢が求められます。さらに，多面的な視点から子どもの内面を理解するとともに，その理解に基づいて子どもと関わった反応から子ども理解を深め，関わり方を修正していくことが大切です。

　こうした1人1人の子ども理解を深め，主体性を引き出しつつ，遊びを通して総合的に指導する力が求められているのです。

2．具体的に保育を構想する力，実践する力

　子どもたちが展開している遊びや活動の中で，何に興味・関心をもっているのか，どのような力を身に付けているのかについて，学びの内容を見極めるとともに，その遊びを充実させ，発達を促す体験につなげていく必要があります。そうした指導を可能にするため，教材（遊びや活動を含む）に関する知識や技能を十分に身に付け，実践力を高めていきたいものです。

　また，1人1人の発達や集団の育ちの状況に応じて，多様な生活体験，自然体験の機会や異年齢交流など，具体的に保育を構想し，実践する力も大切です。

3．環境を構成する力

　乳幼児期の教育の基本は環境を通して行う教育であり，保育の充実は環境を構成する力にかかっていると言っても過言ではありません。環境を構成するに当たり，①主体的な遊びを引き出す環境，②試したり工夫したり挑戦したくなる環

境，③子どもたちが活用したり整えたりしながらイメージを広げる環境，などについて工夫し，子どもたちの「主体的・対話的で深い学び」につながるようにしたいものです。

4．特別な教育的配慮を要する子どもに対応する力

　乳幼児期は，家庭での経験の差や個人差が大きい時期であり，それぞれの時期の発達に関する専門的知識とともに，1人1人への対応が特に必要です。

　そして，障害のある子どもについては，障害の種類や程度によって支援の方法は異なりますので，保育者には，障害に関する専門的知識や技能を深め，適切に対応する力が求められます。

　また，近年は，外国籍の子どもの入園も増加しています。保育者は，外国籍の子どもや保護者の不安感を受け止め，当該の子どもの発達や家庭の文化的背景に配慮するとともに，周囲の子どもにとっては，多様性を受け止め合う経験となるよう，保育を工夫する力も必要となります。

　保育者が特別な教育的配慮を要する子どもにどのような対応をしているか，クラスの子どもたちはよく見ています。その意味で保育者は関わり方のモデルとなることを理解し，クラス経営の視点を忘れずに保育を展開したいものです。

5．小学校との連携・交流を推進する力

　「幼児期において育みたい資質・能力」が，どのように小学校以降の育ちにつながっていくかを見通す力が求められるとともに，幼児期から児童期への一貫した流れをつくるため，小学校との連携・交流を推進する力が求められます。

6．保護者と連携する力，子育てを支援する力

　子どもは，登園を嫌がったり，気持ちや行動をコントロールできずにつまずきを経験したりすることがあります。このようなときに，保護者と連携し，家庭での様子を聞いたり園の様子を話したりすることで，つまずきの背景や要因を理解し，保護者の理解を得ることができ，家庭教育との連続性につながります。

　また，保育者は子育て支援の役割も担っており，受容，傾聴，共感的理解等のカウンセリングの基本的姿勢や技法を理解し対応する力も重要です。

（岡上 直子）

参考資料：幼稚園教員の資質向上に関する調査研究協力者会議報告（平成14年）
　　　　「幼稚園教員の資質向上について ―自ら学ぶ幼稚園教員のために―」

幼児期に育みたい資質・能力とは

なぜ，資質・能力なのか

　幼児教育（幼稚園・保育所・認定こども園の教育）では，どのように子どもを育て指導するかの基本的な考え方として，「環境を通しての保育」が乳幼児期に相応しい教育の在り方として以前から示されてきました。また，活動の内容として5領域を示し，乳幼児期という人生の始めの時期の子どもたちに経験してほしいことが整理されています。この2つの組合せにより，基本的には幼児教育の活動は組織され，計画的に進めることが可能となります。今回の改訂では，それらの活動を通して子どもの内面と周りの事柄に関わる力の育ちが明示されました。どういう内容をどのように育成するかに加えて，それを通して子どもに育つ力を示したのです。それにより，その活動をより質の高いものにするための視点が得られます。資質・能力の育成に向けて，それが可能になるようにしていくのです。

　この資質・能力は，周りの世界の諸々を詳しく知り，それらについてしっかりと考え，さらに高みを目指していくことで，より高いものになっていきます。資質・能力の育ちが根幹にあって，教育とはその人にとって意味あるものとなると同時に，その人が他の人たちと協同することで，さらに社会の中で意味ある課題に取り組めるようになっていきます。その意味で，資質・能力とは生涯にわたる学ぶ力となるものであり，学びを支えていく力なのです。

　その資質・能力は，長い時間をかけて成長します。乳児期から始まり，乳児が感じ考えるところから，乳幼児期全体を通して少しずつ育っていき，幼児教育の終わりのところでは「**幼児期の終わりまでに育ってほしい姿**」として現れます。さらに，小学校に入り，そこでの教科等の基盤を形成するものとなり，とりわけ体験活動や自己学習を進める中核の力となりつつ，授業への有能な参加を可能とします。**資質・能力とは，乳児から18歳までの人生の最初の教育で形成される力の核であり，その後の大人としての人生での学びを規定し続けるのです。**

資質・能力の捉え方

　資質・能力の全般的な捉え方は中央教育審議会答申（「幼稚園，小学校，中学校，高等学校及び特別支援学校の学習指導要領等の改善及び必要な方策等について」平成28年12月21日）において，以下の3つの柱に整理されています（一部略）。

① 「何を理解しているか，何ができるか（生きて働く『知識・技能』の習得）」

　各教科等において習得する知識や技能であるが，個別の事実的な知識のみを指すものではなく，それらが相互に関連付けられ，さらに社会の中で生きて働く知識となるものを含むものである。技能についても同様に，一定の手順や段階を追って身に付く個別の技能のみならず，獲得した個別の技能が自分の経験や他の技能と関連付けられ，変化する状況や課題に応じて主体的に活用できる技能として習熟・熟達していくということが重要である。

　こうした視点に立てば，長期的な視野で学習を組み立てていくことが極めて重要となる。知識や技能は，思考・判断・表現を通じて習得されたり，その過程で活用されたりするものであり，また，社会との関わりや人生の見通しの基盤ともなる。このように，資質・能力の3つの柱は相互に関係し合いながら育成されるものであり，資質・能力の育成は知識の質や量に支えられてもいる。

② 「理解していること・できることをどう使うか（未知の状況にも対応できる『思考力・判断力・表現力等』の育成）」

　思考・判断・表現の過程には，大きく分類して以下の3つがあると考えられる。

・物事の中から問題を見いだし，その問題を定義し解決の方向性を決定し，解決方法を探して計画を立て，結果を予測しながら実行し，振り返って次の問題発見・解決につなげていく過程
・精査した情報を基に自分の考えを形成し，文章や発話によって表現したり，目的や場面，状況等に応じて互いの考えを適切に伝え合い，多様な考えを理解したり，集団としての考えを形成したりしていく過程
・思いや考えを基に構想し，意味や価値を創造していく過程

③ 「どのように社会・世界と関わり，よりよい人生を送るか（学びを人生や社会に生かそうとする『学びに向かう力・人間性等』の涵養）」

　資質・能力を，どのような方向性で働かせていくかを決定付ける重要な要素であり，以下のような情意や態度等に関わるものが含まれる。こうした情意や態度

等を育んでいくためには，体験活動も含め，社会や世界との関わりの中で，学んだことの意義を実感できるような学習活動を充実させていくことが重要となる。
・主体的に学習に取り組む態度も含めた学びに向かう力や，自己の感情や行動を統制する能力，自らの思考の過程等を客観的に捉える力など，いわゆる「メタ認知」に関するもの。一人一人が幸福な人生を自ら創り出していくためには，情意面や態度面について，自己の感情や行動を統制する力や，よりよい生活や人間関係を自主的に形成する態度等を育むことが求められる。
・多様性を尊重する態度と互いのよさを生かして協働する力，持続可能な社会づくりに向けた態度，リーダーシップやチームワーク，感性，優しさや思いやりなど，人間性等に関するもの。

生活科における資質・能力

　幼児期と小学校以上の学校教育をつなぐものとして，小学校低学年における生活科の資質・能力に注目します。「小学校学習指導要領解説　生活編」（平成29年6月）では，「幼児期に育成された資質・能力と小学校低学年で育成する資質・能力とのつながりを明確にし，そこでの生活科の役割を考える必要がある」とあり，その目標として，次の資質・能力を挙げています。

> 　具体的な活動や体験を通して，身近な生活に関わる見方・考え方を生かし，自立し生活を豊かにしていくための資質・能力を次のとおり育成することを目指す。
> (1)　活動や体験の過程において，自分自身，身近な人々，社会及び自然の特徴やよさ，それらの関わり等に気付くとともに，生活上必要な習慣や技能を身に付けるようにする。
> (2)　身近な人々，社会及び自然を自分との関わりで捉え，自分自身や自分の生活について考え，表現することができるようにする。
> (3)　身近な人々，社会及び自然に自ら働きかけ，意欲や自信をもって学んだり生活を豊かにしたりしようとする態度を養う。

　このように，小・中学校全般の資質・能力の捉え方に比べて，具体的で，さらに学んでいく過程に注目しています。育成を目指す資質・能力は，(1)では生活科において育成を目指す「知識及び技能の基礎（生活の中で，豊かな体験を通じ

て，何を感じたり，何に気付いたり，何が分かったり，何ができるようになるのか）」を，(2)では「思考力，判断力，表現力等の基礎（生活の中で，気付いたこと，できるようになったことを使って，どう考えたり，試したり，工夫したり，表現したりするか）」を，(3)では「学びに向かう力，人間性等（どのような心情，意欲，態度などを育み，よりよい生活を営むか）」を示しています。

「気付く」「身に付けるようにする」「考え，表現する」「意欲や自信をもって」学び生活を豊かにしていく。これらの資質・能力に関わる説明は実は幼児教育と同様であり，幼児教育から生活科教育へとつながりを明確にしているのです。

幼児期における資質・能力

「幼稚園教育要領解説」（平成30年2月）によりながら，幼児教育における資質・能力の捉え方を見てみます。幼稚園教育において育みたい資質・能力とは，「知識及び技能の基礎」「思考力，判断力，表現力等の基礎」「学びに向かう力，人間性等」です。「知識及び技能の基礎」とは，具体的には，豊かな体験を通じて，幼児が自ら感じたり，気付いたり，分かったり，できるようになったりすること，「思考力，判断力，表現力等の基礎」とは，具体的には，気付いたことや，できるようになったことなどを使い，考えたり，試したり，工夫したり，表現したりすること，「学びに向かう力，人間性等」とは，具体的には，心情，意欲，態度が育つ中で，よりよい生活を営もうとすることです。実際の指導場面においては，「知識及び技能の基礎」「思考力，判断力，表現力等の基礎」「学びに向かう力，人間性等」を個別に取り出して指導するのではなく，遊びを通した総合的な指導の中で一体的に育むよう努めることが重要となります。

この特徴付けで分かるように，幼児教育の資質・能力とは，子どもの日々の活動において見られる特徴であり，さらにそれが子どもの学びを促し，長い目での育ちにつながっていくものなのです。このような資質・能力を活動の折々に発揮できるようにしていくことが子どもの学びを促し，それが至る所に起きていることこそが「幼児教育のプロセスの質の高さ」と呼ばれるものなのです。

「幼児期の終わりまでに育ってほしい姿」とは，幼児教育の内容について，これらの資質・能力が活かされ，伸びていく様子を示したものなのです。

（無藤 隆）

幼児期にはどのような「見方・考え方」があるのか

幼児期の見方・考え方とは

　幼児教育の基本は「環境を通して行う」ものです。幼児理解に基づいた教師による意図的，計画的な環境の構成の下，幼児は自ら環境に関わる中で，ものや人，事柄などに触れ，その幼児なりのやり方やペースで試行錯誤を繰り返しながら，環境のもつ意味や仕組み等について捉えていきます。**「見方・考え方」とは，こうした環境を通して行う教育において，幼児が全身の諸感覚を通して，ものや人などを自分の生活や遊びに取り込んでいく過程での幼児なりの感じ方，気付き方，関わり方などです。**教科書のような主たる教材を用いず，体を通して体験的に学ぶ幼児教育においては，教師はその幼児の様々な言動の奥に潜む，こうした幼児の「見方・考え方」を深く読み取り理解し，そのことに寄り添いながら指導を行うことが重要です。

　新しい幼稚園教育要領の「第1章総則　第1幼稚園教育の基本」に，「教師は，幼児との信頼関係を十分に築き，幼児が身近な環境に主体的に関わり，環境との関わり方や意味に気付き，これらを取り込もうとして，試行錯誤したり，考えたりするようになる**幼児期の教育における見方・考え方を生かし**，幼児と共によりよい教育環境を創造するように努めるものとする」と示されました。

幼児の「見方・考え方」は遊びの中の学びの中心となるもの

　幼児は生活や遊びの中で様々な体験を積み重ね，幼児なりに「見方・考え方」を広げたり豊かにしたりしていきます。幼児教育においては，幼児の自発的な活動としての遊びを心身の調和の取れた発達の基礎を培う学習として位置付けていますが，この「見方・考え方」を働かせていく過程こそ，幼児期の学びの中心となるものです。この幼児の「見方・考え方」を具体的に捉えることは，幼児が何を学んでいるのかを明らかにすることにもなります。

具体的な事例を通して考えてみましょう。4歳のA児は，滑り台の上からティッシュペーパーの箱を2つ並べて何度も滑らしています。教師は，このA児の行動の意味がよくつかめなかったのですが，しばらくして，そのA児が滑り台の下でつぶやいている言葉を耳にし，その行動の意味に気付き，その場面におけるA児の気付きや考えを探ることができました。

　滑り台の下でA児は，「どうしたら**同時に**すべるのかなぁ」とつぶやいたのです。A児はこの行動に至るまでに「同時に」という言葉を知り，その語彙の意味を「同じ」ということに気付く体験をしたのでしょう。そして，今日は，「同時」ということをティッシュペーパーの箱で試そうとしたのです。つまり，同じ形・大きさの2つの箱を「同時」に滑り台の上から手を放し，「同時」に下に着くようにしたくて何度も試していたのです。しかし，何度やっても滑り台の下に落ちて来るころには，2つの箱はばらばらになってしまいます。そこで，つぶやいたのが，この言葉だったのです。その言葉を口にし，箱を持って考えているうちに，次のA児の行動が変わりました。2つの箱を並べて滑らせるのではなく，「重ねて滑らそう」としたのです。このときのA児の箱や語彙に対する「見方・考え方」の変化は，「並べるより重ねたほうが同時に滑るかもしれない」という予想のもと，試したり確かめたりして，よりよい方法を見付けようとするA児の「学び」そのものであったと考えられます。

　幼児がもの，ことに向き合い，「どうしてかな」「どうなるかな」など心を動かしながら予想したり，確かめてみたりする過程で，自分なりに納得しながら「見方・考え方」を深めることが，**幼児期の生きる力の基礎となる学び**となります。

幼児期の「見方・考え方」と「深い学び」との関連

　環境を通して行う幼児教育において，幼児が主体的に活動を展開し，「見方・考え方」を豊かで確かなものにできるかどうかは，教師の環境の構成，つまり教材の質を高める教材研究にかかっています。こうしたことから，新しい幼稚園教育要領「第1章総則　第1幼稚園教育の基本」に，「教師は，幼児の主体的な活動が確保されるよう幼児1人1人の行動の理解と予想に基づき，計画的に環境を構成しなければならない。この場合において，教師は，幼児と人やものとの関わりが重要であることを踏まえ，**教材を工夫し**，物的・空間的環境を構成しなければならない。また，幼児1人1人の活動の場面に応じて，様々な役割を果たし，

その活動を豊かにしなければならない」と示されました。

さらに、「第4指導計画の作成と幼児理解に基づいた評価」の3指導計画の作成上の留意事項(2)には、「幼児が様々な人やものとの関わりを通して、多様な体験をし、心身の調和のとれた発達を促すようにしていくこと。その際、幼児の発達に即して**主体的・対話的で深い学び**が実現するようにするとともに、心を動かされる体験が次の活動を生み出すことを考慮し、1つ1つの体験が相互に結び付き、幼稚園生活が充実するようにすること」と示されました。「主体的・対話的で深い学び」とは、学校教育におけるアクティブ・ラーニングの本質であり、この視点から授業の見直しや改善を行うことが求められています。もとより、幼児教育は環境を通して行う教育を基本として、環境に幼児が主体的に関わり、友達と協同して活動することを通して様々なことを学び合うことを重視していますが、中央教育審議会答申でも述べられているように、「直接的・具体的な体験の中で、**『見方・考え方』を働かせて対象と関わって心を動かし、幼児なりのやり方やペースで試行錯誤を繰り返し、生活を意味あるものとして捉える『深い学び』が実現できているか**」という視点から、幼児の遊びや生活を見直すことが求められます。

先ほどの事例における、同時に滑らすためには箱を並べるより重ねたほうがよいと見方や考え方を変えていくA児の姿は、まさにこの深い学びの実現への過程と考えられます。幼児の今の「見方・考え方」が、幼児にとって心が動かされる意味のある体験の中で生きて働くことで、さらに「見方・考え方」も豊かになっていくことを踏まえ、教材の工夫をし、深い学びを目指すことが必要です。

幼児期の「見方・考え方」は小学校以降の教科等の「見方・考え方」の基礎

幼児が身近な環境に主体的に関わり、環境との関わり方や意味に気付き、これらを取り込もうとして、試行錯誤したり、考えたりするようになる幼児期の教育における「見方・考え方」は、小学校以降の各教科等の「見方・考え方」につながるものです。小学校学習指導要領の各教科等における目標には、例えば国語科では「言葉による見方・考え方を働かせ」、生活科では「具体的な体験を通して、身近な生活に関わる見方・考え方を生かし」など、各教科等の「見方・考え方」が示されています。

この「見方・考え方」は小学校1年生から生まれるものでも，始まるものでもありません。幼児期から児童期へ発達や学びが連続していることを踏まえれば，**幼児期の「見方・考え方」からつながったものです。**幼児期の教育と小学校教育の接続，しかも教育課程としての円滑な接続を重視する上で，この「見方・考え方」の連続性を教師同士が共通理解し，それぞれの指導方法に生かすことが必要です。幼児教育においては幼児期にふさわしい「見方・考え方」を深めるとともに，その具体を小学校に確実に伝え，小学校においては，その幼児期に育まれた「見方・考え方」を生かし，徐々に各教科等の特質に応じた学びにつなげていく必要があります。

　例えば，入学当初の国語の授業。自分の名前を書く練習をしていた途中，A児は周りの児童のノートを覗き込み始めました。すると，「えぇ」と声を上げ，さらに通路越しの児童のノートも覗き込み，また声を上げました。その後，互いに「ぼく4文字」「私，6文字」と言い始めたのです。

　入学当初のこの姿は，「幼児が遊びの中で試行錯誤しつつ発見の喜びを味わう姿」と重なります。つまり，児童たちは，ノートのマス目に1文字ずつ入れて名前を書いたことから，名前によっては，1行目のマスが余っていたり2行目のマスも使っていたりするなど，その違いを発見したうれしさから，文字数に関心をもっていったのです。名前に使ったマス目の数を数えたり，余りのマス目で比較したり，1行におさまっているかどうかで数を判断したりしています。

　国語の授業中は文字の学習を行うことにはなるのですが，ここでの気付きは，決して見過ごせない興味深い「見方・考え方」の1つです。必ずや他教科でも生かされていく学びの要素とも言えるでしょう。

　この「見方・考え方」は，自分にとって身近で大切な名前だったからこそ生まれてきたものです。さらに，名前を通して数に関心を広げたことは，様々な幼児教育施設から入学した児童同士が，人への関心や親しみの気持ちを広げ，安心した友達関係をつくり，つながりを深めていくこと，互いに学び合う集団として育っていくことも期待できます。

　幼児教育と小学校教育の接続を図るためには，この幼児期の「見方・考え方」や遊びを通して総合的に学ぶ幼児教育の特性が，小学校教育へと連続していることを小学校の教師と共有することが重要であるのです。

（津金 美智子）

「幼児期の終わりまでに育ってほしい姿」とは

「幼児期の終わりまでに育ってほしい姿」の意義と背景

　「幼児期の終わりまでに育ってほしい姿」とは，幼稚園教育要領に示すねらい及び内容に基づいて計画され，実践される活動全体を通して，幼稚園教育において育みたい資質・能力が育まれている幼児の幼稚園修了時に見られる具体的な姿であり，教師が指導を行う際に考慮するものです。

　これらは，幼稚園教育の観点からのみ示された考え方ではなく，幼稚園から小学校，中学校，高等学校まで続く学校教育全体を見渡し，社会の急速な変化や子供たちの育ちについて，未来を生きる子供たちにどのような資質・能力を育むべきかという観点から，議論され，示されたものです。平成28年12月の中央教育審議会「幼稚園，小学校，中学校，高等学校及び特別支援学校の学習指導要領等の改善及び必要な方策等について」（答申）では，学校教育において育成を目指す３つの資質・能力の柱が示され，その基礎として新しい幼稚園教育要領に「幼稚園教育において育みたい資質・能力」が示されました。それらは，(1)豊かな体験を通じて，感じたり，気付いたり，分かったり，できるようになったりする「知識及び技能の基礎」，(2)気付いたことや，できるようになったことなどを使い，考えたり，試したり，工夫したり，表現したりする「思考力，判断力，表現力等の基礎」，(3)心情，意欲，態度が育つ中で，よりよい生活を営もうとする「学びに向かう力，人間性等」です。

　ここで，幼稚園教育における５領域の「ねらい」及び「内容」と「幼稚園教育において育みたい資質・能力」「幼児期の終わりまでに育ってほしい姿」の関係を考えて見ましょう。幼稚園教育要領の各領域に示される「ねらい」は，「幼稚園教育において育みたい資質・能力」を幼児の生活する姿から捉えたものです。「内容」は「ねらい」を達成するために指導する事項です。「ねらい」及び「内容」は，幼稚園における生活の全体を通じ，幼児が様々な体験を積み重ねる中で

相互に関連をもちながら，次第に達成に向かっていきます。幼稚園においては，これらの「ねらい」及び「内容」に基づく活動全体を通して資質・能力が育まれていきますが，その中の5歳児後半に育まれてくる姿を10にまとめたものが「幼児期の終わりまでに育ってほしい姿」となります。幼稚園においては，幼児の発達や学びの個人差に留意しつつ，幼児期の終わりまでに育ってほしい幼児の姿を具体的にイメージして，日々の保育を行っていく必要があります。

幼児期の終わりまでに育ってほしい10の姿

幼児期の終わりまでに育ってほしい姿は，以下の通りです。

(1) **健康な心と体**
　幼稚園生活の中で，充実感をもって自分のやりたいことに向かって心と体を十分に働かせ，見通しをもって行動し，自ら健康で安全な生活をつくり出すようになる。

(2) **自立心**
　身近な環境に主体的に関わり様々な活動を楽しむ中で，しなければならないことを自覚し，自分の力で行うために考えたり，工夫したりしながら，諦めずにやり遂げることで達成感を味わい，自信をもって行動するようになる。

(3) **協同性**
　友達と関わる中で，互いの思いや考えなどを共有し，共通の目的の実現に向けて，考えたり，工夫したり，協力したりし，充実感をもってやり遂げるようになる。

(4) **道徳性・規範意識の芽生え**
　友達と様々な体験を重ねる中で，してよいことや悪いことが分かり，自分の行動を振り返ったり，友達の気持ちに共感したりし，相手の立場に立って行動するようになる。また，きまりを守る必要性が分かり，自分の気持ちを調整し，友達と折り合いを付けながら，きまりをつくったり，守ったりする

ようになる。

(5) 社会生活との関わり

　家族を大切にしようとする気持ちをもつとともに，地域の身近な人と触れ合う中で，人との様々な関わり方に気付き，相手の気持ちを考えて関わり，自分が役に立つ喜びを感じ，地域に親しみをもつようになる。また，幼稚園内外の様々な環境に関わる中で，遊びや生活に必要な情報を取り入れ，情報に基づき判断したり，情報を伝え合ったり，活用したりするなど，情報を役立てながら活動するようになるとともに，公共の施設を大切に利用するなどして，社会とのつながりなどを意識するようになる。

(6) 思考力の芽生え

　身近な事象に積極的に関わる中で，物の性質や仕組みなどを感じ取ったり，気付いたりし，考えたり，予想したり，工夫したりするなど，多様な関わりを楽しむようになる。また，友達の様々な考えに触れる中で，自分と異なる考えがあることに気付き，自ら判断したり，考え直したりするなど，新しい考えを生み出す喜びを味わいながら，自分の考えをよりよいものにするようになる。

(7) 自然との関わり・生命尊重

　自然に触れて感動する体験を通して，自然の変化などを感じ取り，好奇心や探究心をもって考え言葉などで表現しながら，身近な事象への関心が高まるとともに，自然への愛情や畏敬の念をもつようになる。また，身近な動植物に心を動かされる中で，生命の不思議さや尊さに気付き，身近な動植物への接し方を考え，命あるものとしていたわり，大切にする気持ちをもって関わるようになる。

(8) 数量や図形，標識や文字などへの関心・感覚

　遊びや生活の中で，数量や図形，標識や文字などに親しむ体験を重ねたり，標識や文字の役割に気付いたりし，自らの必要感に基づきこれらを活用し，興味や関心，感覚をもつようになる。

⑼　言葉による伝え合い

　先生や友達と心を通わせる中で，絵本や物語などに親しみながら，豊かな言葉や表現を身に付け，経験したことや考えたことなどを言葉で伝えたり，相手の話を注意して聞いたりし，言葉による伝え合いを楽しむようになる。

⑽　豊かな感性と表現

　心を動かす出来事などに触れ感性を働かせる中で，様々な素材の特徴や表現の仕方などに気付き，感じたことや考えたことを自分で表現したり，友達同士で表現する過程を楽しんだりし，表現する喜びを味わい，意欲をもつようになる。

「幼児期の終わりまでに育ってほしい姿」の理解は，実践にどのように生かされるか

１．幼児の理解が深まる

　「幼児期の終わりまでに育って欲しい姿」を考慮することで，幼児をあらためてよく見るようになったり，重要な幼児の学びや発達の姿を偏りなく見ることができるようになります。また，入園から修了まで，長い見通しで理解できるようになるでしょう。

２．滑らかな幼小接続につながる―幼小の接続期の幼児像の共有―

　幼稚園と小学校の教師が，「幼稚園教育において育みたい資質・能力」や「幼児期の終わりまでに育ってほしい姿」等を理解することによって，接続期の子供像が共有され，より滑らかに接続ができるようになるでしょう。

（岩立 京子）

引用：参考文献
⑴　湯川秀樹「幼児教育における幼稚園教育要領等の改訂の方向性」『幼児教育じほう』第45巻第1号，6-12，平成29年

幼児期の終わりまでに育ってほしい10の姿

健康な心と体

1　心と体の密接なつながり

　入園当初は初めての集団生活で不安や緊張も高いものですが，教師や友達と関わる中で安定感や解放感をもつことができるようになっていきます。そして他者との関係の下，心と体を十分に働かせながら，充実感や満足感をもって環境に関わって行動するようになります。幼児期は活動欲求が高く，興味をもった活動に自分から関わっていこうとしますが，その中で諸感覚や全身を十分に使っての活動を繰り返し行うことを通して，様々な活動に自分なりに目標をもって取り組んでいくようになります。また，自ら体を動かそうとする意欲をもち，自分で適切な活動を選びながら，体を十分に動かすことの気持ちよさを味わったり，いろいろな場面に応じて体の動きを調整することができるようになっていきます。このような意欲や自信をもった幼児は，うまくいかなかったり自分の思うようにできないなど困難なことにぶつかっても，気持ちを切り替えようとしたり乗り越えようとしたりして，根気強く物事に関わってやり抜くようになります。

2　自ら健康で安全な生活をつくり出す姿

　十分に体を動かすことは体の発育や生理的機能の発達を促すだけでなく，休息や解放感などとの調和を図り，生活リズムの形成とも密接に関連しています。幼児にとって健康な生活は，十分な睡眠やバランスのよい食事，全身を使った活動と休息などの生活の流れの中で営まれていきます。幼児期は遊びや生活の中の豊かな経験を通して，衣服の着脱，食事，排泄などの生活に必要な活動について分

かり，これらに関心をもちつつ，基本的な生活習慣を身に付け自立していきます。そして，自分なりに考えたり判断しようとしたりしながら，自分の体を大切にする活動を進んで行うようになります。また，幼稚園における生活の仕方を身に付け，1日の生活の流れが分かると，集団での生活や場の使い方などの状況を予測して，準備したり片付けたり，自分たちの生活に必要な行動に見通しをもって自立的に取り組むようになります。

　遊びや生活を通して安全能力[1]が育まれますが，体を動かす遊びの場面では挑戦的な姿が見られる一方で，危険な遊び方に発展することもあります。そのような場面での経験を通して危険な遊び方を理解し，危険を予測して安全に気を配りながら行動することができるようになっていきます。生活の場においても椅子の持ち方や室内での過ごし方のルールや方法，その意味を理解し，安全な行動がとれるようになります。また，安全指導や災害時の訓練などを通して危険な場所や災害時などの緊急時の適切な行動が分かり，状況に応じて安全な方法で行動をとろうとするようになります。

　このように，遊びや生活における様々な行動の仕方が分かり（分かる），適切な行動がとれる（できる）ようになっていきますが，これらは単に形として身に付けているわけではなく，これらの行動の意味を理解することで，必要感をもって主体的に取り組む態度が培われているのです。

3　小学校の学びへつなぐ健康な心と体

　幼児期の豊かな経験の下に育まれた自ら健康で安全な生活をつくり出すこのような姿は，小学校においても時間や空間に見通しをもって進んで生活しようとする姿や，様々な場面で主体的に伸び伸びと行動する姿，あきらめずに粘り強く取り組む姿につながります。そして，小学校の学習においては，体育科の運動遊びや健康な生活，けがの防止や病気の予防，また特別活動の食習慣の形成や心身ともに健康で安全な生活態度の育成，さらに生活科での食べ物への親しみや規則正しい生活の確立，道徳におけるマナーなど，礼儀の理解，感謝の念と態度の育成などとも関連しています。

（吉田　伊津美）

---

[1]　危険に対処する力。身体的能力・認知的能力・社会的能力・行動的傾向が関連

幼児期の終わりまでに育ってほしい10の姿

自立心

1 やってみることから自信をもち、やり抜こうとする姿へ

　自立心は、教師との信頼関係を基盤として、幼児が主体的に身近な環境に関わる中で育まれます。幼児は幼稚園に入園すると、保護者と離れた生活を送る中で、様々なことに自分の力で取り組むことが求められます。衣服の着脱や食事の準備等、家庭では手伝ってもらっていたり準備してもらっていたりすることも、教師が端的に手順を伝えたり、難しいところを少し手伝ったりして支えることで、徐々に自分で行えるようになっていきます。また、様々な環境に関心をもち、意欲的に自ら関わって十分に遊びを楽しむ中で、次第に「こんなふうにしてみよう」と自分なりの目標をもって遊び込むようになります。そうやって遊びや生活に主体的に取り組むことで、自分でできた達成感を味わい、自信をもつようになっていきます。その自信が、また他のことへ積極的に取り組もうとする際の意欲や態度へとつながります。少し難しいことがあっても、どうしたらできるか考えて工夫したり、友達にやり方を聞いて試したりして、諦めずに取り組むようになります。

　例えば、3歳児が入園して2,3か月後には、プールでの水遊びのために着替えをすることがあるでしょう。幼児は、水遊びがしたいと意欲をもつと、楽しみのために着替える必要感が生まれ、少し難しくても水着に着替えようとします。グッと力を入れて水着を引っ張り上げて着られたときには、「できた」と喜ぶ姿が見られます。

　また、おいしそうなジュースをつくりたいと思い、草花をすりつぶしては色を

調整してつくったり、さらにシェイクにしたいとつぶれない泡を工夫してつくってのせたりと、目標をもって繰り返し試し、工夫していく姿も見られます。そして完成した色水シェイクを周囲の友達や教師に認められることで、自信を深めていきます。5歳児の後半ごろには見通しをもって1日を過ごすようになり、自分が遊んだものだけでなく、みんなが次の日に気持ちよく遊べるように場の全体の片付けにも責任をもって取り組めるなど、自分たちの生活をよりよくするために行動することができるようになってきます。また、それまでに培われた自信を支えとして粘り強く取り組むことができるようになり、さらに難しい技に挑戦しようとする等、自ら次の課題を見付け、前向きにやり抜こうとする様子も見られるようになります。

2　自立心を育む教師の援助

　教師は幼児が自信をもって園生活を送ることができるよう、温かいまなざしで幼児が自ら取り組もうとすることを支え、幼児が「自分でできた」と思えるように必要な援助を行います。主体的に物事に取り組むことができるよう、場所や物の使い方が分かるように物を配置したり、写真を用いて片付ける場所を示しておいたりと、環境の工夫をすることが求められます。また、少しずつ幼児が1日の流れを意識して活動に取り組むことができるよう、視覚的な提示の仕方を工夫するといったクラス全体への援助を行うと同時に、1人1人がめあてをもって取り組むことができるように、幼児の取組のよさを言葉にして伝えたり、そのよさを友達にも伝えたりします。このようなことを通して、幼児同士が互いのよさを生かし合って遊び、生活することができるように支えていくのです。

3　小学校へつなぐ自立心の育ち

　幼児期に十分に自己を発揮し、周囲に認められ、自信をもつようになった子どもは、小学校入学後の生活においても、「自分にはできる」と積極的に新たなことに取り組むことができるでしょう。幼小の教師は、子どものこれまでの育ちを共有し、分かりやすい環境の工夫や見通しがもてる教示の仕方等、小学校における効果的な方法について考え合い、連携することが重要です。それにより、子どもが小学校生活や学習活動において、これまで培ってきた力を十分に発揮できるようにしていくことが求められます。

（古賀 松香）

幼児期の終わりまでに育ってほしい10の姿

協同性

1 「協同性」と領域「人間関係」

「協同性」は5領域すべてに関わっていますが，その中でも特に「人間関係」に関わる子どもの育ちによる姿であると言えます。「人間関係」は，「自立心」(②) を基盤としつつ，子どもが人と関わる力を，とりわけ子ども同士が遊ぶ過程で培い，「道徳性・規範意識の芽生え」(④) をもたらし，「社会生活との関わり」(⑤) にもつながっていくことが見て取れます。したがって協同性は，子どもの遊びが展開するプロセスに立ち現れることになります。

「人間関係」は，「他の人々と親しみ，支え合って生活するために，自立心を育て，人と関わる力を養う」領域であり，協同性は，「人間関係」の3つの「ねらい」のうち，特に「(2)身近な人と親しみ，関わりを深め，工夫したり，協力したりして一緒に活動する楽しさを味わい，愛情や信頼感をもつ」ことによってもたらされる育ちや学びと言うことができるでしょう。

2 「友達と関わる中で，互いの思いや考えなどを共有し」

子どもの生活は，「入園当初の1人1人の遊びや教師との触れ合いを通して幼稚園生活に親しみ，安定していく」自立の時期から，「他の幼児との関わりの中で幼児の主体的な活動が深まり，幼児が互いに必要な存在であることを認識するようになり」ます（第1章総則　第3教育課程の役割と編成等　4教育課程の編成上の留意事項(1)）。協同性は，自己が充実し自立心が育つ中で，他者に思いを馳せることから始まります。友達に自分とは違う思いや考え・気持ちがあること

に心が向かうようになり，一緒に遊ぶという共同作業をより豊かなものにするために，友達の思いや考えを知ろうとします。また，自分の思いや考えを伝えようとしたりし，それらを1つの思いや考えにまとめつつ，共有しようとする姿が見られるようになります。

3　「共通の目的の実現に向けて，考えたり，工夫したり，協力したりし，充実感をもってやり遂げるようになる」

やがて「幼児同士や学級全体で目的をもって協同して幼稚園生活を展開し，深めていく時期などに至」ります（第1章総則　第3教育課程の役割と編成等　4教育課程の編成上の留意事項(1)）。一緒に行う遊びの具体的な過程を通じて徐々に子どもたち自ら共有した目的が，さらに充実した遊びへの展開をもたらすのです。

さらに「第2章　ねらい及び内容」の「人間関係」の「内容の取扱い」(3)で，「幼児が互いに関わりを深め，協同して遊ぶようになる」ために，①自ら行動する力を育てるようにするとともに，②他の子どもと試行錯誤しながら活動を展開する楽しさや共通の目的が実現する喜びを味わうことができるようにすることが挙げられています。こうした子どもの姿は，「思考力の芽生え」(⑥)の後半の「友達の様々な考えに触れる中で，自分と異なる考えがあることに気付き，自ら判断したり，考え直したりするなど，新しい考えを生み出す喜びを味わいながら，自分の考えをよりよいものにするようになる」ことに結び付いていきます。それらはまさに，「主体的・対話的で深い学び」が実現されていく過程に重なります。

4　小学校の学びへ

こうして幼児期に育まれた協同性は，小学校における集団生活の中で，目的に向かって自分の力を発揮しながら友達と協力し，意見を交わし合う中で新しい考えを生み出しながら工夫して取り組むなど，教師や友達と協力して生活したり学び合ったりする姿につながっていきます。「協同性」は，自分を抑えて仲よくするというより，子どもがそれぞれの力を発揮し合うことでより充実した学び合いをもたらす姿であると言えるのです。

（矢藤　誠慈郎）

幼児期の終わりまでに育ってほしい10の姿

道徳性・規範意識の芽生え

　子どもにとって，幼稚園・保育所・認定こども園の世界は，家庭を離れ初めて触れる社会であり，子どもは園生活の中で様々な人々や物，生き物とのやり取りを通して，集団生活でのルールの必要性や善悪の判断，思いやりの気持ち，生命尊重等の「道徳性・規範意識の芽生え」を培っていきます。この「道徳性・規範意識」については，平成10年の幼稚園教育要領改訂の領域「人間関係」の中で「道徳性の芽生え」が示されました。そして，平成20年の改訂においては，同領域に「規範意識の芽生え」が挙げられた経緯があります。このような流れを受けて，今回の改訂においても「幼児期の終わりまでに育ってほしい姿」の1つとして，育みたい資質・能力として重要視されています。では，乳幼児期における「道徳性・規範意識の芽生え」とはどのような事柄を指し，その発達を支える保育者の役割や関わりとはどのようなものなのでしょうか。

1　社会集団の中で育まれる道徳性・規範意識の芽生え

　「道徳性・規範意識」は，人が社会の一員として調和し，生活していく上で重要な資質・能力です。その力は人間特有であり，生得的に備わっているものではなく，自分が所属する社会集団の中で学び育てられるものとされています。この概念は，時代や集団により変容し，社会的状況や慣習からの影響が大きいとされています。しかしその中でも，時代や文化等の違いを超え，人としての普遍的善悪の判断や尊厳に対する人格的特性を「道徳性・規範意識」として捉えることができるでしょう。園生活では，基本的な生活習慣，善悪の判断力，きまりを守る

態度,思いやりの気持ち,生命尊重の心情の5つの要素が含まれます[1]。また「規範意識」は,社会のルールや大切さを理解し,それらを守ろうとする意識[2]のことを指します。

　この「道徳性・規範意識」の育ちは,自我の芽生えや自他の分化の発達を背景に,園生活で保育者や友達との様々な葛藤やトラブルの経験を重ねる中で,自分の意思を抑える,行動の善し悪しに気付く,相手を思いやる等,自己抑制し,行動を調整しようとすることで培われていきます。その発達過程は,はじめは親や保育者等周囲の大人からの働きかけにより行動の善悪やきまりを守っている他律的な段階です。そして,幼児期後半には,他者の視点から相手の立場やその行動に至る動機を考え,判断する自律的な段階へと変化していきます。この発達の流れは,幼児期の3歳以降の認知的発達や園生活や人間関係の広がりにより顕著に培われるようになりますが,その素地は,0歳からの身近な大人との愛着・信頼関係が基盤となります。そして,外界への関心や他者の存在への気付きへと発達の連続性の中で進んでいきます。

　このような発達を支える保育者の言動は,保育者自身の道徳性や規範意識が反映されると言われています。したがって,保育者は日頃から自身の価値観や振る舞いを振り返り,意識することが大切になります。また,「道徳性・規範意識の芽生え」を支える際に,上記に示されている「幼児期の終わりまでに育ってほしい姿」を就学前までの到達目標と捉えるのではなく,発達の道筋として,乳幼児期の発達の個人差や速度を十分に配慮することが求められます。さらに,保育者は子どもが葛藤の中にあるときには,安易に望ましい方向提示や表面的な解決のための援助を行うのではなく,子どもの体験に伴う悲しみや罪悪感等,心の揺れを丁寧に読み取り,関わることが「道徳性・規範意識」の芽を育てることにつながるのだと思います。そして,1人1人の子どもが,就学前までに園生活の中で培った「道徳性・規範意識の芽生え」を糧に,人との生活に心地よさを感じ,自律的によりよく生きられるよう,その育ちを継続して小学校以降につなげられるとよいのではないでしょうか。

(佐藤 有香)

(1) 神長美津子『心を育てる幼児教育　道徳性の芽生えの育成』,東洋館出版社,2004.
(2) 東京都教育委員会『きまりをまもるこころを育てる―幼児期の規範意識の芽生えの醸成　指導資料―』,川口プロセス社,2014.

幼児期の終わりまでに育ってほしい10の姿

社会生活との関わり

　ここでいう「社会生活との関わり」とは，幼児が何と関わることを指しているのでしょうか。それは，親や祖父母などの家族のほか，地域の身近な人としての小学生・中学生，高齢者や地域で働く人々といった，自分たちの生活に関係の深い人のことを言います。

　「社会生活との関わり」の中で育ってほしい具体的な姿としては，「人との様々な関わり方に気付く」「自分が役に立っている喜びを感じる」「情報を役立てながら活動する」といった姿が挙げられます。これらにより，人や地域への親しみを味わうことにつながっていきます。

1　人との様々な関わり方に気付く

　幼児は，園生活では保育者や他の幼児，家庭生活では家族といった限られた人間関係の中で生活しており，その人間関係の中で信頼関係を構築し，安定することによって，関わりを広げていきます。いつもは親しい関係の中で，自分の伝えたいことを汲み取ってもらえたり，活動を共にする中で気持ちが伝わったりするのに対して，小・中学生や高齢者との交流においては，初めて会う人に伝わる言葉や，相手の言いたいことを聞く姿勢などから，望ましい態度を形成する機会となります。さらに，地域の働く人，公共の場所等との関わりは，普段自分が何気なく使っている公共交通機関やお店など，自分との関係を考えながら，幼児がそこでの望ましい振る舞いを経験する機会となります。機会を捉えてこうした活動を行い，様々な人と関わる経験を増やしていくことが，幼児の人間関係の世界の

広がりにつながっていきます。

　また，幼児は人に対する優しさや愛情を人間関係の中で学んでいきます。幼児が家族を大切にする心を育むには，家族から愛されていることを実感することが必要であり，機会を捉えて改めて親や祖父母など家族のことを話題にしたり，その気持ちを考えたりすることが求められます。

2　自分が役に立つ喜びを感じる

　幼児は「○○してほしい」という要求を表明し，それをかなえてもらうことで満足感を得ていく経験を経て，次第に「○○してあげる」という言葉を好んで用い，他者を手伝いたがるようになります。相手に喜ばれ，感謝されることによって，自分が有用な人間であることを自覚するとともに，もっと人の役に立ちたいという意欲につながっていきます。人の役に立つ喜びを幼児に経験させ，満足感・達成感を得ていくことが必要です。

3　情報を役立てながら活動する

　幼稚園内外での幼児の生活は，幼児に様々な知識をもたらします。それは，直接経験したり見聞きしたりしたこと，他者から伝えられたこと，メディア等で取り上げられるニュースなど，様々です。幼児は，自分が知っていることを遊びや生活に取り入れ，またそれを友達と伝え合いながら，活動を進めていきます。例えば，電車ごっこ，お店屋さんごっこなどで，自分が乗った電車，行ったことのあるお店を再現しようとしたり，本や図鑑を手がかりにして遊びをより充実したものにしていきます。また，オリンピック・パラリンピックなど世の中の出来事に関心をもち，スポーツや国旗などに興味が湧くこともあります。相手の状況や気持ちを考えながら，いろいろな人と関わることを楽しんだり，関心のあることについての情報に気付いて積極的に取り入れたりする姿につながっていきます。幼児の興味・関心に応じて，絵本・図鑑・写真等の情報環境を整えたり，またその情報が周囲にも伝わるような工夫をするなどして，幼児の情報世界が広がり，それを役立てながら活動する楽しさを味わえるようにすることが大切です。

（西坂 小百合）

幼児期の終わりまでに育ってほしい10の姿

⑥ 思考力の芽生え

1　ものとの多様な関わりから，試したり工夫したり考えたりして遊ぶ

　教師は，幼児が身近な環境に関わって夢中になって遊べるような環境を整えています。例えば園庭では，砂，土，水などの自然素材，スコップ，バケツ，型抜きなどの遊具，栽培物や飼育物，身体を動かして遊べる場所など，いろいろなものや場所・空間を，発達や時期，幼児の興味や関心に応じて用意しています。その中で幼児が主体的に遊ぶことを通して，思考力の芽生えが培われていきます。

　3歳児では，素材や遊具を手にして感覚的に操作をすることを楽しみ，自分なりに扱ったり試したりして，身体を通していろいろなものと出会うことから気付いていく姿があります。カップに砂をつめて型抜きを楽しむ中で，陽が当たる場所の砂は温かい，さらさらした砂では型抜きができない，水が多いとどろどろになるなど，遊びながらいろいろな砂の特徴を発見します。園庭の草を摘んでインコに食べさせているうちに，「これ（ハコベ）が好きみたい」と発見し，他の草をいろいろあげてみて「やっぱりそうだ！」と，幼児なりに予測して関わる姿もあります。

　園生活の中で身近なものと関わって遊ぶ体験を重ねていくことで，5歳児になると身近な事象にさらに積極的に関わるようになります。空き箱を使ってロボットをつくるときに，立たせようとして接着方法を工夫したり，別の材料を選んだりする姿や，花をつぶして濃い色水をつくるために，すり鉢を使ったり手でもんだり，花の量を考えたりする姿などが見られるようになります。幼児が集中して遊び，「おもしろい」「楽しい」と心を動かす中で，「次は〜してみよう」と身近

なものを様々に試す，工夫するなど，考えて遊ぶ楽しさを重ねていきます。教師は幼児なりの取組を見守り，「どうしてだろう」と一緒に考えていく姿勢や，多様な関わりが生まれ，楽しめるような教材についての研究をすることが大切になります。

2　周囲の人と関わって遊ぶ中で，新しい考えやよりよい考えを生み出す

　冬の朝にタライの水が凍っているのを発見したことから，4歳児が氷づくりを楽しみはじめました。翌日はどのような氷ができるのかを楽しみに，ままごと遊具やお菓子の缶など，いろいろな容器を庭に置いて帰ります。何日も試し，「昨日より寒くないから氷ができない」「置く場所で違う？」「缶がいいみたい」など，いろいろな考えを出し合う友達がいることから，氷ができやすい条件に気付いていきました。

　動物園遠足で楽しかったライオンバスを再現しようと，5歳児がダンボールでバスづくりをしています。「本当に動かしたい」という思いで，ダンボールを何と組み合わせたらよいか試行錯誤しています。大きなブロックの車輪だと不安定でうまく進みません。いろいろ試した結果，台車の上に貼ることになりました。何とか出来上がってからも，人が乗るとなかなかバスが動かない，縄を付けてみてもすぐに取れてしまうなど，うまくいかないことが続きました。それでもライオンバスを運転して，お客さんを乗せたいという遊びの目的があることから，新たな方法を考え合っていました。縄はガムテープで貼るとすぐに取れてしまうけれど，結ぶと取れないことに気付いたり，バスに乗せる人数と動かす人数を調整したり，前で引っ張る人と後ろから押す人を分担したりするなど，一緒に遊ぶ友達同士でいろいろな考えを出し合うことから，よりよい考えが生まれ，やりたい遊びを実現していきました。遊びが面白いからこそ，最後まで実現させたいと粘り強く取り組みます。安心して自分の考えを表現し，友達の違う考えにも触れ，よりよい考えが実現していく喜びを味わえるよう，教師は人間関係をしっかりと支えることが大切なのです。

（田代　幸代）

参考文献
(1)　東京学芸大学附属幼稚園　平成27・28年度研究紀要「試行錯誤する子どもと教師」

幼児期の終わりまでに育ってほしい10の姿

⑦ 自然との関わり・生命尊重

　子どもに育ってほしい姿としての「自然との関わり・生命尊重」は、保育の歴史の中でも大切にされてきたので、誰もが賛同する分かりやすいものではないでしょうか。しかし、子どもを取り巻く環境は変化し、現代の生活では大地や空気、空、太陽、自分の身体を自然と捉えることが難しくなり、自然という言葉で思い浮かべることが多い山や海、森、田畑もいまや非日常的な存在です。これらを踏まえ、ここでは保育者に求められることを中心に解説します。

1　子どもの経験を豊かにする園庭をつくる

　自然との関わりは、遠足のように単発で行うイベント的な関わりではなく、日常生活の中で身近な自然と継続的に関わるものでなければなりません。子どもが安心して日々自然と関わることができる戸外の場所が園庭です。日本の園庭は運動場と周辺の植栽という造りが多いのですが、自然との関わりを豊かにするためにはこれまでの伝統を超えて、多様な木々や草花、動物が暮らし、複雑な地形のある遊び場につくり替える必要があります。身体能力の発達の点からもそうした園庭の方がよいのです。保育環境としての自然豊かな園庭とは、芝生広場や庭園のような大人が好む造園的な緑地ではなく、子どもの遊びを誘発する多様性のある自然地です。虫や鳥が食物や住みかとして使う多様な樹種があり、季節ごとの雑草が生える場所があれば、多様な生物と出会えます。そうした園庭で毎日遊び込むことで、子どもは様々な生物に出会い、自然の変化に気付き、感動し、時には荒々しく厳しい自然の姿にも触れ、「なぜ？」という問いを抱き、答えを知り

たいと思います。そして，植物や動物を命ある存在と認め，それぞれの生活に気付き，その生き様に感情移入し，愛おしく思い，小さな命とその生活を大切にしたいという気持ちが芽生えるのです。

2　保育者に求められること

　それでは，子どもが園庭でそのような関わりをするために，保育者はどうすればよいのでしょうか。第一には時間を保障することです。自然との関わりが子どもの育ちにつながるためには，子どもの関心に沿った遊びが充実しなければならず，そのためには子どもがゆったりと自然に向き合える時間が必要です。次に大切なのは，自分自身が子どもにとって模倣や憧れの対象だと保育者が自覚することです。保育者自らが自然の変化に気付き，感動し，自然を愛で，命を大切にしなければなりません。子どもは否定的なものであろうと肯定的なものであろうと，自然に対する価値観を大好きな大人と共有し育っていきます。雑草とひとくくりにされる植物や嫌われがちなハチやクモなどの動物にもそれぞれの生活があり，自然界における役割があります。そのように考えられる保育者がそばにいたら，その言動から子どもは生態系の中に不要な生物はいないことを学び，動植物の命と生活を大切にしていきます。これは，将来，持続可能な社会をつくらねばならない今の子ども（＝未来の大人）には必須の価値観です。また，正しい知識で対応するのか，やみくもに排除するのか，存在しない「100％の安全」を求めるのか，危険や安全に対する向かい方も子どもは大人の姿から学んでいきます。そして，保育者は子どもと時間を共有し，子どもの気付きに共感し，解説したり答えを与えたりせずに問いを投げかけ，子どもが自ら解決したりやり遂げたりすることを待ち，絵本や図鑑を保育室にそろえるなど，子どもが答えを自分で探せるよう環境を整えます。また，園庭での活動を他の活動，例えば，様々な表現遊びや食育などにつなぐことも大切です。

　環境構成と子どもの主体的な関わりが重要という基本を踏まえつつ，自然との関わり・生命尊重を考えるときに最も重要なのは，どのように自然を見て，どのように自然に向かうかという保育者の自然観だと言えるでしょう。　　（井上 美智子）

参考文献
(1) 井上美智子・神田浩行・無藤隆（編著）『むすんでみよう　子どもと自然』北大路書房，2010
(2) シェパンスキー・ダールグレン・ショーランデル（編著）『北欧スウェーデン発教室　生きる知恵と喜びを生み出すアウトドア教育』北大路書房，2016

幼児期の終わりまでに育ってほしい10の姿

数量や図形，標識や文字などへの関心・感覚

　数量や図形，標識や文字などへの関心・感覚は，主に領域「環境」「言葉」で示され，子どもの発達の過程に即した形で育まれるよう配慮されてきました。様々な領域と密接に結び付く総合的なものですが，領域「環境」にはねらいとして「身近な事象を見たり，考えたり，扱ったりする中で，物の性質や数量，文字などに対する感覚を豊かにする」，内容「日常生活の中で数量や図形などに関心をもつ」「日常生活の中で簡単な標識や文字などに関心をもつ」とあります。文字等については，平成10年に改訂された幼稚園教育要領において，領域「言葉」の内容の取扱いに日常生活の中で思ったことや考えたことを伝える喜びや楽しさを味わい，文字に対する興味や関心をもつようにすることと示されました。

1　身近な環境を通して育まれる関心・感覚

　幼児期は，遊びや生活の中で出会う身近な環境を通して，数量や図形，標識や文字に親しむ体験を基礎とします。名札や当番表，様々な掲示物，カレンダーや時計，絵本，カルタ，お手紙，歌の歌詞など，子どもの周囲には文化的環境があふれており，日常の環境にある様々な記号として接し次第になじんでいきます。知識として知るだけでなく，子どもの周囲にある様々な環境に好奇心，探究心をもって関わり，人との関わりの中で刺激を受け，日常生活に取り入れ，遊び込む体験が重要です。子どもが興味・関心を示したときに保育者が直接教えることもありますが，知りたい，書いてみたい，読んでみたい，取り入れて使ってみたい

等々，子どもが誘われるような，吟味された保育材・活動・環境が園で計画的に構成され，ヒト・モノ・コトとの関わりを通して獲得されていきます。

2 生活，遊びの中のプロセスを見る

　乳幼児期は，発話や言葉のやりとりを通して絆を深めていきます。持ち物に書かれた文字が自分の名前であること，温かく心地よい言葉の応答の中で響きやリズムを感じ，それらが絵本や物語，掲示等に示されていることなど，文字の存在やその働きに自然に気付いていきます。抽象的な数を獲得する前に，対象と関わる際の身体を通した数量の感覚，対象に関わり操作した結果の連鎖を子どもは体験し，さらに他児と一緒に協同する中で気付きや発見の可能性を高めます。園の集団生活では，人との関わりの中で他児のようにやってみたいというあこがれをもち，真似る中でどうしてもうまくいかない経験，自分だけでは解決できずにいろいろなアイデアを試し伝え合いながら試行錯誤する経験を通して，子ども自身が必要感をもって活用しようとします。

　例えば，丁寧につくって保存した泥団子を他クラスの子どもが知らずに壊してしまい，困ったことから絵や文字を使って看板をつくり，掲示して気付いてもらう姿があります。園の野菜を収穫した際に，子どもが数えきれない量の多さに出会うこともあります。色，形，大きさなどの見た目は1つ1つ違い，野菜を持ってみると肌触りや重さの違いに気付き，比べたり，並べて分けてみたり，数をシールで貼ったり絵に描いたり，自分の身体と比べてみたりする姿も見られます。また，園でピザをつくる活動では，食べたいものやつくりたいもの，必要な食材を文字や図にしてみること，クラスやグループの人数からどのぐらいの量が必要なのか，何人で行くか，園から店までどの道を通れば速いか，欠席人数を確認して配分などを子どもがアイデアを出し，話し合い考える姿もありました。子どもの知識が十分でなく判断が正確ではない場合も多くありますが，保育者がその都度関わり，子どもの興味・関心を丁寧に拾い上げ，全体を見守りながら計画的に指導することで，経験は深まりさらなる可能性へと広がります。こうしたプロセスを経ることで，小学校以上の学びにつながるのです。

（野口　隆子）

参考文献
(1)　民秋言（編）『保育資料集　教育要領・保育指針の変遷を中心に』萌文書林，2004
(2)　公益財団法人日本教材文化研究財団「子どもの挑戦的意欲を育てる保育環境・保育材のあり方」2016
(3)　無藤隆・汐見稔幸・砂上史子『ここがポイント！3法令ガイドブック』フレーベル館，2017

幼児期の終わりまでに育ってほしい10の姿

⑨ 言葉による伝え合い

　お話を楽しんだり，行動や気持ちをコントロールしたり，思いや考えを保育者や他の幼児と伝え合ったりするなど，言葉は幼児期の認知，社会的情動の発達において重要な役割を果たしています。もちろん，言葉は幼児期だけではなく，小学校以降の教科等の学習において，自分の考えを説明したり，友達と考えを共有したりする学習活動に不可欠であり，幼児期の言葉の育ちは国語のみならず，小学校以降のあらゆる学習の基礎となっていると言っても過言ではありません。とはいえ，言葉による伝え合いの姿を支える資質・能力は，小学校国語の指導事項に基づいた取り立て指導とは異なります。幼児期の特性を踏まえ，遊びや生活を通して「知識及び技能の基礎」「思考力，判断力，表現力等の基礎」「学びに向かう力，人間性等」を一体的に育むことが求められています。

　では，「絵本や物語などに親しみながら，豊かな言葉や表現を身に付け」，「経験したことや考えたことなどを言葉で伝えたり，相手の話を注意して聞いたりし，言葉による伝え合いを楽しむようになる」ために，どのようなことを大切にし，実践していけばよいのでしょうか。

1　絵本や物語などに親しみながら，豊かな言葉や表現を身に付ける

　自分１人では十分に文字の読み書きのできない幼児期の子供たちは，保育者など身近な大人の語りによって展開される絵本や素話，紙芝居などの物語に親しみます。語られた物語を通して，子供たちは現実生活では体験できないファンタジーや冒険，また過去や未来の世界へ想像を広げ，そのおもしろさに気付いてい

きます。あるいは，物語を語る保育者や一緒に聞いている友達と同じタイミングで息をのんだり，体を弾ませたり，時に声を揃えてセリフを言ったりしながら，一体感を味わい，共感する力を身に付けていきます。特に幼児期後半になると，様々な動物や人物が登場し，場面が移り変わったり，事件が起きたりする，といった物語の表現や構造に関する理解が芽生え，登場人物の行動を楽しんだり，先の展開を予測したりするようになってきます。また，想像を広げて物語の続きを考えたり，物語から感じたことや想像したことを保育者や友達と伝え合ったりすることを楽しむようにもなってきます。保育者や友達と様々な物語を味わう経験を重ねる中で，「お話大好き！」「お話をもっと聞きたいな」「自分でも絵本を読んでみたいな」という学びに向かう力や，物語に関する知識の基礎，想像する力や感じたことを伝え合う力の基礎を築いていけるとよいでしょう。さらに，言葉遊びを楽しむ中で，日本語のリズムや響きのおもしろさ，美しさに気付いたり，感じたりする言語感覚を身に付けていきます。しりとりや回文（頭から読んでも終わりから読んでも同じになる単語や文），同音異義語や対義語などを，みんなで考えたり，教え合ったりして遊ぶのもよいでしょう。物語とは異なる，韻を踏んだり一定のリズムに基づいたりした詩や俳句のような韻文も，歌ったり唱えたりしながら楽しめるとよいでしょう。

2 言葉による伝え合いを楽しむ

　子供たちは，遊びや日々の生活の中で，発見をして驚いたり，不思議に思ったり，何かができるようになって喜んだり，けんかをして悲しんだりと様々な経験の中でいろいろなことを感じたり考えたりしています。安心して伸び伸び自己発揮できる人間関係の中で，子供たちは自分の経験や考えを大好きな先生や友達に「伝えたい」と感じるようになっていきます。昼食前や降園前の集まりの際に，1人1人が今日園で遊んだこと，家庭や園外で経験したことなどを友達と伝え合い，共感し合ったり，情報を共有し合ったりする時間を設けるのもよいでしょう。また，お店屋さんや劇遊びなどにグループやクラス全体で取り組み，話合いをする機会をつくっていくことも大切です。みんなの前で自分の考えを伝えたり，分かりやすい話し方を工夫したり，友達の言いたいことを理解しようと一生懸命聞いたりする，「話す，聞く，伝え合う力」が総合的に育まれていきます。

（吉永 安里）

幼児期の終わりまでに育ってほしい10の姿

豊かな感性と表現

1 感性と表現の意味

　新しい幼稚園教育要領第2の3(10)では「感性」と「表現」という言葉が使われています。まずは，これらの言葉の意味を確認しましょう。「感性」とは，カント[1]によれば，五感を通して人が身の回りの事物の存在や特性に気付くなどする心の働きのことを言います。例えば，赤土の山に泥があることを見付け，それに触れてその冷たさや粘土に気付くなどです。そして，「表現」とは，デューイ[2]によれば，主題と制作意欲という人の内部にあるものが，事物（絵の具や声，身体など）を使用することによって外に向かっていくことを言います。例えば，大好きなカブトムシ（主題）を「描きたい」（意欲）と思い，水性マーカー（事物）で描くなどです。このように，感性と表現という2つの言葉の意味を理解すると，新しい幼稚園教育要領第2の3(10)に示される，年長後半の幼児の「豊かな感性と表現」の具体的な姿がより理解しやすくなるでしょう。

2 「豊かな感性と表現」の姿から幼児の資質・能力の育ちを捉える

　平成29年告示の新しい幼稚園教育要領などには，保育者は「幼児期の終わりまでに育ってほしい姿」を考慮して指導を行うと明記されました。そのため，保育者は「豊かな感性と表現」に示される具体的な姿と実際の幼児の表現活動を照らし合わせて，幼児の資質・能力の育ちの現状を捉え，次の指導につなげていくことになります。このことについて，「豊かな感性と表現」の具体的な姿の中にある「様々な素材の特徴や表現の仕方などに気付き」を取り上げて考えてみます。

例えば，年長の12月，数名の幼児が折り紙で紙飛行機をつくっています。幼児たちは様々な折り方で紙飛行機をつくることができることに気付き，遊びを続けてきました。子どもたちのこのような姿は，「様々な素材の特徴や表現の仕方などに気付」く姿でしょう。この姿を踏まえ，次の指導につなげるにはどのようなことが考えられるでしょうか。例えば，これまで常備していた折り紙に加え，長方形のコピー用紙を製作コーナーに置いておくとどうでしょうか。紙飛行機をつくる年長児は，紙の形が異なることで紙飛行機の折り方にも工夫が必要となることに気付くはずです。

3 「豊かな感性と表現」に関する資質・能力を育てる際に大切にしたいこと

デューイ[2]は，演劇や音楽，絵画などの芸術は，私たちの生活の一部であるとしました。彼は芸術と日常生活の間に裂け目をつくることを批判したのです。これを踏まえ，我々もまた，「豊かな感性と表現」の姿によって幼児の資質・能力の育ちを捉えたり次の指導につなげたりする際には，幼児の感性や表現が幼児の日常生活の中で生まれるという視点を大切にしたいのです。例えば，色水が陽に当たってキラキラと光る様子に目をとめる，楽しい気持ちになって歌を口ずさむ，身振り手振りで自分の思いや考えを表すなどの姿は，日々の生活の中で生まれる幼児なりの感性や表現でしょう。このような幼児なりの日常的な感性と表現に目を向け，関わっていきたいのです。

ところで，平成29年6月に文化芸術基本法が改正されました。この法律には，文化や芸術が多様性を受け入れる心豊かな社会を形成するための手段であることが明記されました。この法律に基づき，幼児教育の場においても，幼児1人1人の多様な感性と表現が生まれること，それが尊重されることを大切にしたいと思います。「豊かな感性と表現」の具体的な姿には，「友達同士で表現する過程を楽しんだり」とあります。友達と一緒に表現することを楽しむ中で，1人1人の感性と表現が異なることに幼児が気付き，互いに受け入れていく姿を大切にしたいのです。

（若山 育代）

---

(1) Kant, I. 1787 Kritik der reinen vernunft. Berlin: Reimer. 篠田英雄（訳） 1961『純粋理性批判（上）』岩波文庫
(2) Dewey, J. 1934 Art as experience. New York: Minton, Balch & Company. 栗田修（訳） 2010『経験としての芸術』晃洋書房

幼児期における
「主体的・対話的で深い学び」の姿とは

「主体的・対話的で深い学び」とは何か

　幼稚園教育要領の「第1章総則　第4指導計画の作成と幼児理解に基づいた評価」の「3　指導計画の作成上の留意事項」には，「(2)幼児が様々な人やものとの関わりを通して，多様な体験をし，心身の調和のとれた発達を促すようにしていくこと。その際，幼児の発達に即して**主体的・対話的で深い学び**が実現するようにするとともに，心を動かされる体験が次の活動を生み出すことを考慮し，1つ1つの体験が相互に結び付き，幼稚園生活が充実するようにすること」とあります。幼保連携型認定こども園教育・保育要領にも同様の記述があります。この記述は，前節で見たような幼児教育で「何ができるようになるのか」や「何を学ぶのか」に加えて，それらを「**どのように学ぶか**」**に大きく関係するものです。**

　なお，保育所保育指針にはこのような記述はありません。しかし，子どもの最善の利益を考慮する義務をもつ保育所としては，小学校に就学する段階での子どものスタートラインをそろえるためには，「主体的・対話的で深い学び」は必要不可欠なものと言えるでしょう。以下では，主体的な学び，対話的な学び，深い学びに分けて少し詳しく見ていきましょう。

　主体的な学びとは，今している遊びに興味をもって積極的に，また見通しをもって粘り強く取り組み，遊びの区切りで自ら振り返り，意味付けたり，できるようになったことを自覚したり，共有したりすることです。対話的な学びとは，保育者と話したことや子ども同士で話し合ったことを手がかりに，遊びを考えること等を通して，自己の考えを広げ深めることです。単に話を聞くだけではなく，自分も話すことによって，経験が定着します。深い学びとは，これまでの遊びや生活の経験を相互に関連付けてより深く理解したり，自分なりの考えをつくったり，問題になっていることを見いだして解決策を考えたり，思いや考えを基に遊びを創造したりすることです。

もちろんこれらの学びは,「ある遊びではこの学び」というように独立に経験するものではなく,「1つの遊びの過程の中で一体的に実現されるもの」です。とは言え,保育者としては,それぞれの学びを独立に捉え,相互のバランスを考えて環境を構成していくことが必要です。

なぜ今,「主体的・対話的で深い学び」が求められるのか

「主体的・対話的で深い学び」は,幼児期だけに求められるものではありません。小学校以上の学習指導要領でも求められていますし,大学教育でも求められます。大学教育を見てみましょう。大学教育で「主体的・対話的で深い学び」はアクティブ・ラーニングと称されており,「新たな未来を築くための大学教育の質的転換に向けて～生涯学び続け,主体的に考える力を育成する大学へ～（中央教育審議会答申）」（平成24年8月28日）の用語集に次のように定義されています。

【アクティブ・ラーニング】教員による一方向的な講義形式の教育とは異なり,学修者の能動的な学修への参加を取り入れた教授・学習法の総称。学修者が能動的に学修することによって,認知的,倫理的,社会的能力,教養,知識,経験を含めた汎用的能力の育成を図る。発見学習,問題解決学習,体験学習,調査学習等が含まれるが,教室内でのグループ・ディスカッション,ディベート,グループ・ワーク等も有効なアクティブ・ラーニングの方法である。

皆さん方が受けた教育は,教員による一方向的な講義形式の教育が中心だったのではないでしょうか？　大学教育も変わってきているのです。なお,この変化は日本だけではありません。ユネスコは,身近な課題について自分ができることを考え行動していくという学びが,地球規模の課題解決の手がかりとなるという主張をしており,主体的・対話的で深い学びはその基盤づくりに役立つと考えられています。

このような変化の背景には,2030年ごろの社会を想定し,そのさらに先を生きる子どもに,今,何をどのように学ばせておくべきかという問いに対する,現段階での答え（「幼稚園,小学校,中学校,高等学校及び特別支援学校の学習指導

要領等の改善及び必要な方策等について」中央教育審議会答申，平成28年12月21日）があります。このうち，「どのように学ぶか」に対する答えが「主体的・対話的で深い学び」なのです。

主体的・対話的に深く学ぶ子どもの姿

　下の図は，大阪府豊中市の幼保連携型認定こども園　せんりひじり幼稚園で行われた「お店屋さんプロジェクトを通して育つ５歳児の力」に示されている子ども同士のやりとりです。

　子どもたちが自分のやりたいお店を発表し，話し合いで決めていく場面です。まずは読んでみてください。

司会：「何のお店がいいと思いますか？」
A：「ペットショップは難しいと思うねん」
数人：「なんで？」
A：「犬とかつくれないや」
数人：「なるほど，そっかあ」
A：「お風呂が楽しそう」
H：「お風呂が楽しそう」
K：「えー，決まらへんやん」
H：「なんでお寿司屋がいいの？」
R：「いやや，お寿司屋がいい」
K：「だってお寿司をつくりたいねんもん（少し時間を置くことに。…そして次の日）」
K：「これ持ってきた」
（家から持ってきた「おゆば」というスーパー銭湯のチラシをみんなに見せる）
H：「わあ，水春のおふろみたい」
A：「お寿司屋も入れたらいいやん」
K：「それやったらいいで」
R：「じゃあ，食べる所もつくろうな」

（出典）全日本私立幼稚園連合会・全日本私立幼稚園PTA連合会「22世紀の日本が輝き続けるために〜幼児教育をもっと豊かに〜」p.19

　最初は誰もがこれをしたいと主張して，イメージが膨らみます（主体的）。しかし，中にはできそうにないものも含まれています。そこで，理由を付けながらできるものとできないものに整理していきます（対話的）。

自分の意見を主張したり，相手の意見を聞いたりしながら話し合いは進んでいきます（対話的）。どうしてもお寿司屋をやりたいKは，翌日，別の手段を考えてきます（主体的）。Hがやりたいお風呂屋と自分がこだわるお寿司屋の両方ができるお店です（深い学び）。主体的・対話的な学びの中で，深い学びを経験したKの姿です。

保育者は何をすればよいのか

上の取組では，保育者の役割は明示されていません（司会も子どもです）。しかしながら，少なくとも3つの役割が読み取れます。

1つは，子どもが主体的，対話的に学べるプロジェクトのような遊びを設定することです。たった1日で終わるのではなく，数日かけて発展する遊びがよいでしょう。

2つめは，振り返りを促すことです。上の例では，（少し時間を置くことに…。そして次の日）と入っています。おそらく保育者は話し合いの状況を見て，少し時間を置くことを提案したのでしょう。そして話し合いを振り返らせ，どうしたらよいかを考えさせたのだと思われます。

3つめは，子どもの学びに気付き記録することです。保育者がKの学びの姿に気付き、それを記録したことではじめて，Kは「主体的・対話的で深い学びを経験した」ことになるのです。

もちろん上の取組は，プロジェクトとしてこの後も続いていきます。様々なお店屋さんやコーナーができていきます。保育者は子どもたちの様々な話し合いの場面に寄り添いながら，時には方向付け，疑問を投げかけ，子どもたちがプロジェクトをよりよいものにつくり上げるように導いていきます。そして，それぞれの場面で，1人1人の子どもの「主体的・対話的で深い学び」を捉え，記録していきます。子どもの遊びが「主体的・対話的で深い学び」になるように演出し，それを記録して，学びの軌跡として残していくことこそが保育者の役割なのです。

（清水 益治）

幼稚園における
カリキュラム・マネジメントとは

カリキュラム・マネジメントとは

　カリキュラム・マネジメントとは，幼稚園の教育目標の実現に向けて，子どもの地域や家庭での生活の実態を踏まえ，教育課程を編成，実施，評価し，その上で改善を図るという，教育課程の一連のPDCAサイクルを計画的・組織的に実施していくことです。

　これまでも，幼稚園教育要領では，教育課程の評価・改善の必要性について述べてきましたが，今回では，それをカリキュラム・マネジメントとして，「第1章総則　第3節教育課程の役割と編成等」と，「第6節幼稚園運営上の留意事項」の両方で，必要性や実施の仕方を取り上げています。

　その背景には，これからの学校教育では，子どもたち1人1人の資質・能力を確実に育んでいきたいという，熱い願いが込められています。

　中央教育審議会答申「幼稚園，小学校，中学校，高等学校及び特別支援学校の学習指導要領等の改善及び必要な方策等について」（平成28年12月）（以下，「中教審答申」（平成28年））のはじめに，カリキュラム・マネジメントの重要性を取り上げています。それは，今回の学習指導要領等の改訂では，子どもたちの資質・能力を育むために，これまでの各学校（園）の取組や成果を前提に，教え方や学び方の質をどう転換するかが問われていて，アクティブ・ラーニングの理念を支える学習指導要領等とその実践を支えるカリキュラム・マネジメントという文脈から，その重要性が指摘されているのです。

質の高い幼児教育の実現とカリキュラム・マネジメント

　すなわち，「何ができるようになるか」（育成を目指す資質・能力）のためには，「何を学ぶのか」「どのように学ぶのか」「子供1人1人の発達をどのように支援するか」について改め，その結果「何が身に付いたのか」，さらに「改善の

ために必要な方策は何か」という循環が重要であり，それを好循環としていくためにカリキュラム・マネジメントを実施していくことが不可欠なのです。

この答申の趣旨を受けて，幼稚園教育要領では，「第1章総則　第3節教育課程の役割と編成等」において，「…（略），教育課程に基づき組織的かつ計画的に各幼稚園の教育活動の質の向上を図っていくこと（以下「カリキュラム・マネジメント」という。）に努めるものとする」とその重要性を指摘し，また，「第6節幼稚園運営上の留意事項」において，「…（略），各幼稚園が行う学校評価については，教育課程の編成，実施，改善が教育活動や幼稚園運営の中核となることを踏まえ，カリキュラム・マネジメントと関連付けながら実施するよう留意するものとする」と，カリキュラム・マネジメントの進め方を述べています。

幼稚園では，入園から卒園までの教育期間の全体を見通して，教育の目標に向かってどのような道筋で教育を進めていくかを明らかにした教育課程を編成し，教育を進めています。こうした教育課程の編成，実施，評価，改善のプロセスについては，これまでも学校評価等を通して行ってきました。今回の改訂では，これまで実施してきたことを確認し，さらに組織的かつ計画的にカリキュラム・マネジメントを実施するためには何が課題かを明確化して，質の高い幼児教育を提供していくことが求められているのです。

幼児教育におけるカリキュラム・マネジメントの必要性

さらに中教審答申（平成28年）では，幼児教育の特質を踏まえ，「幼稚園等では，教科書のような主たる教材を用いず，環境を通して行う教育を基本としていること，家庭との関係において緊密度が他校種と比べて高いこと，預かり保育や子育ての支援などの教育課程以外の活動が，多くの幼稚園等で実施されていることなどから，カリキュラム・マネジメントは極めて重要である」と，幼児教育におけるカリキュラム・マネジメントの必要性を強調しています。

幼稚園教育は，環境を通して行う教育を基本とし，子どもたちは環境と関わる中で様々な活動を生み出し，発達に必要な多様な体験を重ねています。環境を通して行う教育において大切なことは，環境と関わって生み出した活動の中で，子どもたちが経験し学んでいることを把握して，次の環境の構成を考え，子ども1人1人の発達を保障していくことです。すなわち，教師には，子ども1人1人の

発達や学びの連続性を確保して，次につないでいくことが求められます。カリキュラム・マネジメントを通して，子ども1人1人の発達をきめ細かく理解し，それに基づいて日々の保育で対応していくことが求められているのです。

また，近年，多くの幼稚園で預かり保育を実施しているので，教育の質の向上を考える際には，教育課程に基づく教育活動と「預かり保育」との関係を意識して，子ども1人1人の生活リズムを整えていくことが必要です。教育課程の編成，実施，評価，改善に当たっては，教育課程に係る時間の教育活動のみではなく，子どもの登園から降園までの1日の生活を見通していくことが必要です。

さらに，他の学校種と比較すると，**幼稚園等では，家庭との連携が深く，家庭との緊密な連携を保ちながら，教育の質の向上を考えていくことが求められます。** そのためには，保護者に教育課程の実現状況を伝えながら，幼稚園等で行われている教育の成果を理解してもらうことが大切です。

カリキュラム・マネジメントを通して，子どもたちの育ちの情報を適切に提供し，家庭からの信頼を得て，連携を深めていくことが大切なのです。

園のグランドデザインと体制づくり

カリキュラム・マネジメントを進める上で大事なことは，幼稚園としての「こんな子どもに育てたい」をもとに，教職員で話し合い，グランドデザインを確認して，カリキュラムの核となるものを共有することです。

特に，新しい幼稚園教育要領の趣旨を踏まえて教育課程を再編成する際には，**幼児教育において育みたい資質・能力について話し合いながら，「目指す子ども像」を共有し，どのような道筋で教育を進めていくのか，そのために子どもたちはどのような体験をする必要があるか，さらに，どのような活動を展開する中でその体験が得られるか等，「我が園の教育や指導」について，具体的に話し合うことが大切です。**

教育課程の編成においても，学校評価においても，またカリキュラム・マネジメントにおいても，いずれの場合も園長のリーダーシップのもとで，教職員の協力体制をつくっていくことが不可欠です。その際に大事にしたいことは，話し合いを基にして教職員間の相互連携を深めていくことです。

その際，教職員1人1人が自らの日々の実践を結び付けながら話し合いに臨み，当事者意識をもって取り組むことが大切です。特に経験の浅い教員は，「教育課程やカリキュラム・マネジメントは，園長や教頭がする」と思っているかもしれませんが，そうではないこと，当事者意識をもって臨むことを具体的に知らせていく必要があります。

　このことについて，幼稚園教育要領では，「各幼稚園においては，園長の方針の下に，園務分掌に基づき教職員が適切に役割分担しつつ，相互に連携しながら，教育課程や指導の改善を図るものとする」と，教職員1人1人が役割意識をもって園務分掌を遂行し，相互に連携を深めることと述べています。特に経験の浅い教職員に対しては，組織の一員として役割をもって行動することと，日々の保育の後の話し合い等を通して相互の連携を深めることとをつなげながら，「我が園の教育」の実践者の1人としての自覚をもつようにすることが大切です。カリキュラム・マネジメントを通して，教職員間で対話的な話し合いを重ねつつ，教職員1人1人の資質向上を図りながら，園全体の教育力を高めていくことが大切なのです。

（神長 美津子）

幼小接続とスタートカリキュラム
幼児教育とのつながりを大切にする生活科に基づく「スタートカリキュラム」

幼児教育と小学校教育をつなぐ生活科

　はじめに，教育の「目的論」「方法論」「評価論」の3観点から，生活科の教科特性を明らかにします。

1　教育目的の観点から

　今回の改訂による生活科の究極的な教科目標は，「自立し，生活を豊かにしていくための資質・能力を育てる」です。人間が社会的に独り立ちするための子ども像と育てたい方向性が示されています。これは明らかに「方向目標」（幼児教育目標の中心）です。しかし，実際の授業では，独り立ちするための資質・能力を「到達目標」（小学校教育目標の中心）として設定して授業を展開して構いません。すなわち，生活科の教育目標は到達目標を内に含んだ方向目標です。

2　教育方法の観点から

　例えば，「秋をさがそう」という単元では，「秋を見付けさせたい」という教師のねらいが反映された公園という（物的）教育環境に子どもを連れて行き，子どもが自分から秋を見付けたくなるよう言葉かけをして授業を行います。これは，まさしく「間接教育」（幼児教育方法の中心）の考え方による教育方法です。

　一方，教室に戻ると，作文シート等に今日の活動や感想を書く時間を設けます。このとき先生は，「シートに作文書いてね」と直接指示をします。生活科の教育方法の基本は間接教育ですが，適宜直接教育（小学校教育方法の中心）を取り入れた指導も行われます。

3　評価論の観点から

　生活科では対象が小学校低学年ですので，他児との比較によるのではなく，まさにその子の伸びを認めて褒めてあげる「個人内評価」（幼児教育評価の中心）

が基本です。しかし，小学校なので「指導要録」には「評価規準」に基づく「ABC評価」を書く必要があります。**生活科の評価は評価規準を前提とした個人内評価（絶対評価）**です。

以上のように，**生活科は，幼児教育と小学校教育の両方の性格を併せもつ教科であり，幼小接続の鍵を握る教科**です。この生活科の教科特性こそが，小学校でのスタートカリキュラムの中核を担う必然性を意味しています。

「スタートカリキュラム」の意義付け

1 「交流⇒連携⇒接続」の流れ

これまで，全国的に多くの小学校区において「幼児教育（幼稚園・保育所・認定こども園）との交流」が行われています。この場合の「交流」とは，園・学校行事への参加や生活科授業への招待・参加（多くは「あそびランド」等）などです。しかし，「交流」の場合，そのとき・その都度に合わせて，可能であれば参加する・参加してもらうというケースが多いようです。つまり，「交流」の多くは「計画的な事前の配慮に基づかない行事・授業参加」なのです。

もちろん，思いつき中心の「交流」に意味がないということではありません。複数回の「交流」体験に基づき，幼稚園等及び小学校（低学年だけとは限らない）における年度計画の中に，行事や授業への園児・児童参加を年度初めの4月段階から取り入れることで，事前準備を確実化して，幼児・児童の成長まで目標に取り入れ，「相互理解と互恵性のある教育活動」に高めることが「連携」です。そして，現在は，「幼児・児童の相互交流に基づく幼小連携」のみにとどまらず，結果的には「小1プロブレム」対策にも貢献していますが，新入児童の小学校生活への「適応」を促すために，幼児期末期から小学校入学期にカリキュラムを作成する「接続」を重視する時代です。このように，**その都度の判断に基づく「交流」から始まり，計画的な目標設定に基づく「連携」，そして，新入児童の小学校生活適応を実現するためのカリキュラムづくりによる「接続」へと，幼小連携の課題が進んできているのが時代の流れ**です。

2 スタートカリキュラムの意義

『小学校学習指導要領解説　生活編』（平成20年8月）45頁に「スタートカリキュラム」というカリキュラム名が明記されています。幼児期から児童期への発

達の継続を大切にし，登校意欲と学習意欲の高まりを目指すカリキュラムづくりにより，**新入児童の小学校生活「適応」を促すのが「スタートカリキュラム」**です。

　スタートカリキュラムは，新入児童の入学直後約1か月間において，子どもが幼児期に体験してきた遊び的要素とこれからの小学校生活の中心をなす教科学習要素の両方を組み合わせた，合科的・関連的な学習プログラムのことです。とりわけ，入学当初の生活科を中核とした合科的な指導は，子どもに「明日も学校に来たい」という意欲をかき立て，幼児教育から小学校教育への円滑な接続をもたらし，新入児童の小学校へのスムーズな「適応」を促すことが期待されます。これがスタートカリキュラムの第一の意義です。これまで経験してきた「遊び」の要素を多く含んだ活動に基づく日々が送れることは，子どもにとって「小学校でもこれまでやってきたことが通用するのだ」という自信（自己肯定感）がもてるきっかけになります。自分の人生を主体的に生き抜くためのスタートラインがスタートカリキュラムであり，これが第二の意義です。

幼小接続の展望

1　「幼児期の終わりまでに育ってほしい姿」を踏まえた指導

　今回の学習指導要領の改訂では，「幼児期の終わりまでに育ってほしい姿」との関連を考慮することが求められています。具体的には次のような内容です。

　幼児期の終わりまでに育ってほしい姿を踏まえた指導を工夫することにより，幼稚園教育要領等に基づく幼児期の教育を通して育まれた資質・能力を踏まえて教育活動を実施し，児童が主体的に自己を発揮しながら学びに向かうことが可能となるようにすること。

　また，低学年における教育全体において，例えば生活科において育成する自立し生活を豊かにしていくための資質・能力が，他教科等の学習においても生かされるようにするなど，教科等間の関連を積極的に図り，幼児期の教育及び中学年以降の教育との円滑な接続が図られるよう工夫すること。特に，小学校入学当初においては，幼児期において自発的な活動としての遊びを通して育まれてきたことが，各教科等における学習に円滑に接続されるよう，生活科を中心に，合科的・関連的な指導や弾力的な時間割

の設定など，指導の工夫や指導計画の作成を行うこと。

このように，**幼小接続を通して育てたい幼児・児童の資質・能力そのもの**を意識してください。

2　日本の未来を考えていこうとする新しい教育の取組

今改訂では「課題を自ら発見し，解決に向けて主体的ならびに協働的に学ぶ在り方」を目指しています。これは，遊びという自己実現体験を通して自己肯定感を高め，更に他者や相手との関わりを意識できるようにするための教育方法ですし，幼小接続に基づく「スタートカリキュラム」実現に向けての教育方法（手段）そのものです。

一方，「必要な資質・能力の明確化」と「資質・能力の教師理解の在り方（見取り方）」も目指しています。はじめにも述べましたように，幼児期の遊びから始まり，小学校以降の教科学習においても，**発達段階に応じた「資質・能力の育成」が，これからの日本の学校教育課題そのものであり，「スタートカリキュラム」の課題そのものでもあるのです。**

教師の役割：すべては，子どもたちのために

教師は，幼小接続を通して，幼児・児童の「生きる力」を育て上げることを目指さなくてはなりません。最後に，教師の役割について提案します。日本語で「教育する」と訳される'educate'の元々の意味，それは「引き出しを開ける」という意味です。教育学の見地からしますと，「潜在的な力を引き出して顕在化する」「子どもの可能性を引き出してあげる」ということです。学習指導要領改訂の文面にもあった「潜在的な力を引き出す」とも共通です。幼小接続で子どもを育てようとするとき，教師の心構えとしては，子どもに「教える」のみではなく，子どものもつ可能性を「引き出す」ことです。「すべては子どもたちのために」役立つことが教師の最終的な役割ですが，ここで皆様に次の提案を行います。

　　　'Teacher'もいいけど，'Educator'を目指しましょう！

（木村 吉彦）

全体的な計画の作成の重要性

3 法令における「全体的な計画」の規定

　平成30年施行の「保育所保育指針」(以下，保育指針)，「幼稚園教育要領」(以下，教育要領)，「幼保連携型認定こども園教育・保育要領」(以下，教育・保育要領)では，共通してそれぞれの第1章総則の中に「全体的な計画」の作成が規定されました。

①教育要領では，第1章総則の「教育課程の役割と編成等」の中に新たに位置付けられました。
②保育指針では，それまで第4章に規定されていた「保育課程」の編成にかわり，第1章総則の「保育の計画及び評価」の中に「全体的な計画の作成」として位置付けられました。
③平成26年告示教育・保育要領第1章総則の中にすでにその作成が規定されていましたが，新たに「全体的な計画の役割」が加えられ，その意義が明確になりました。

「教育及び保育の内容並びに子育ての支援等に関する全体的な計画の役割」
　教育及び保育の内容並びに子育ての支援等に関する全体的な計画とは，教育と保育を一体的に捉え，園児の入園から修了までの在園期間の全体にわたり，幼保連携型認定こども園の目標に向かってどのような過程をたどって教育及び保育を進めていくかを明らかにするものであり，子育ての支援と有機的に連携し，園児の園生活全体を捉え，作成する計画である。
　　　　　　　　　　　　　　　　　　　　　　　　（教育・保育要領）

全体的な計画作成に当たっての実践上のポイント

　それぞれの園での教育・保育の実践の質の向上とその維持を図るためには，次のことを念頭に全体的な計画を策定していく必要があります。

1　それぞれの園の教育・保育の全体像を示すこと
　3つの法令上の規定では文言の多少の違いはありますが，いずれにおいても各園の教育・保育の理念，方針，目標に向けて子どもの発達をどのように支えていくのかを組織的・計画的に運営していくための計画であることが明記されています。

教育要領	保育指針	教育・保育要領
教育課程を中心に，午後から夕方の保育（いわゆる預かり保育に相当）の計画，学校保健計画，学校安全計画などを含め，全ての教育活動が一体的に運営されるようにする。	これまでの保育課程と同様に，幼稚園の教育課程に相当する3歳以上児の4時間程度の保育・早朝や夕方の長時間の保育・3歳未満児の保育の計画を中心に，保健計画・食育計画・一時預りや子育て支援の計画などについて，長期的見通しをもちながら組織的に運営されるようにする。	教育課程に係る教育時間・早朝や夕方の長時間の保育・3歳未満児の保育の計画，学校保健計画，学校安全計画，子育ての支援に関する計画などについて，在園期間，在園時間の異なる多様な子どもがいることへの配慮などを踏まえ，教育・保育の活動が一体的に運営されるようにする。

　0〜2歳では毎月のように新入園児がいますし，満3歳での入園や連携施設からの入園など，幼稚園であろうと保育所であろうと，在園期間や利用時間の異なる多様な子どもがいることが当たり前となっています。

　また，園の職員もまた，パートタイムや育児休業明けの短時間勤務など，多様な働き方が前提となっています。子どもとその家族，さらには子どもと生活を共にする保育者も含めた園の生活の全体像を捉え，各園が目指す教育・保育の理念や目標を達成するためにどのように1日の生活や四季の巡りに応じた生活をデザインしていくのか，それを見えるようにしていくことが実践上の大きなポイントとなります。

2　「幼児期の終わりまでに育ってほしい姿」を踏まえること
　3法令に共通して「幼児期の終わりまでに育ってほしい姿」を踏まえることが

明記されています。

　さらに，保育指針と教育・保育要領に，乳児の3視点での保育内容，満1歳から満3歳までの5領域での保育内容が新たに示されたことも踏まえると，「全体的な計画」を作成する際には，乳児期からの子どもの育ちの姿の長期的な見通しが，さらに小学校以降の教育課程での子どもの育ちの姿に接続していることをイメージしながら，「乳幼児期の教育・保育（幼稚園や認定こども園の教育課程及び保育所における教育課程に相当する保育と，教育課程及び教育課程に相当する保育に接続する長時間の保育や満3歳未満の保育）の課程」を編成することが重要です。

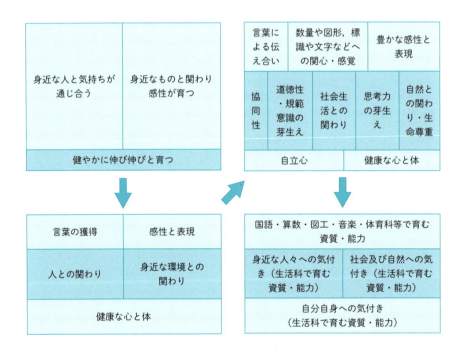

　「幼児期の終わりまでに育ってほしい姿」は，幼稚園教育要領の「内容の取扱い」の記述をもとに，乳児期からの教育・保育の積み重ねの中で5領域が互いに関連し合った様々な活動を通して，特に5歳児後半に多く現れる姿を10の視点で描いています。

左図に示したように，乳児の3つの視点が満1歳以上の5領域へと広がり，さらに，小学校低学年での生活科を中心においた教科の学習で育むべき資質・能力へとつながっていくことをイメージしながら，教育・保育の課程を編成していくことが求められます。

3　評価に基づいた改善のプロセスをつくり出すこと

　今回の改訂（定）では，「ねらい」を教育や保育を通じて「育みたい資質・能力を子どもの生活する姿から捉えたもの」と規定し，教育要領，教育・保育要領ではさらに「子どもが自ら安心して身近な環境に主体的に関わること」「環境との関わり方や意味に気付くこと」「気付いたことを取り込もうとして，試行錯誤したり考えたりすること」といった乳幼児期の見方・考え方を生かした環境構成の工夫の重視が新たに規定されています。

　つまり，育みたい資質・能力の視点から保育のねらいをしっかり押さえた上で，子ども自身が乳幼児期らしい見方・考え方を使って遊びをより面白くしたくなるような環境の構成や必要な援助を捉えていくことが，さらに強調されています。

　その上で，各園でのそれぞれの年齢での育ちの姿が「幼児期の終わりまでに育ってほしい姿」にどのようにつながっているのかを確かめながら，各園の子どもの実態に応じて指導や保育の重点をどこに置くのかについて共通理解を図り，全体的な計画の中にそのことを明らかに示し，指導計画として具体化していくためには，記録に基づいて自分たちの指導や保育を評価し改善を重ねる「カリキュラム・マネジメント」の視点が重要です。保育指針の改定でも，「評価に基づいた改善」としてそのことが強く求められています。

　具体的には，子どもが自分のやりたい遊びに取り組む姿から，その時々の思い，考えや願いを読み取り言語化していく営みを，ノンコンタクトタイムの確保や写真や映像などICT機器の活用など，必要な体制の整備や業務の効率化と合わせて進めていくことになります。

（相馬　靖明）

COLUMN 1

保護者等に「幼児期の終わりまでに育ってほしい姿」についてどのように共通理解を図るか

具体的に子どもの姿を伝えて共通理解を図る

　各園では，保護者に教育目標や子どもの様子を伝えたりして，子どもの変容や成長について共通理解を図る努力を日々行っています。平成29年3月の幼稚園教育要領改訂に伴い，保護者にこれから目指す教育の方向を伝えることも重要です。改訂の要点の1つである「幼児期の終わりまでに育ってほしい姿」について，可能な限り子どもの姿を通して伝えるとよいでしょう。保育場面の映像や写真，作品等を活用して，遊びを通して10項目のうちのどのような力を身に付けているのかを説明して共通理解を図っていきます。

　ここでは，DVD映像「幼児教育から小学校教育へ～1ねんせいになるってことは～」を例に挙げて説明します。年長組2月，コユキちゃんは仲よしの友達と3人で廃材を使って「小鳥のピーちゃんの家づくり」をしています。トイレットペーパーの芯を土台につくった小鳥のピーちゃん。「寒いから温泉に入れよう」と深めの容器に青の京花紙をお湯に見立ててつくります。「そうだ，家もつくろうよ」と菓子箱を使い，「ベッドはこの箱でいいかな」「3階建ては…」と次々に考えが浮かび，必要な大きさの箱を見付けて3人で1つの家をつくります。このとき，コユキちゃんたちは，家づくりという共通の目的に向かって自分の考えを仲間に伝えて同意を求めたり，相手の考えを聞いたりするなど「言葉による伝え合い」「協同性」や，自分なりに考えようとする「思考力」，イメージしたことを身近な素材を使って具体的に表現する「表現力」，主体的に遊びに取り組む「健康な心と体」，翌日も遊びの続きをして最後までやり遂げようとする「自立心」などの「幼児期の終わりまでに育ってほしい姿」の方向に向かって力を身に付けていることが分かります。このように，具体的な遊びの場面を通して，子どもたちが身に付けている力や身に付けようとしている力を保護者に説明すると，理解を促しやすくなります。

保護者と協同して未来を生きる子どもを育てる

　人工知能の発展による情報・技術等の進歩，iPS細胞研究等による医学の進歩，地球温暖化の課題解決等，未来は予想以上の展開をしていきます。2030年ごろには，今は存在していない職業に65％が就くとキャシー・デビットソン氏（ニューヨーク市立大学大学院センター教授）が予測しています。そのため，未来を生きる子どもたちには，今までの教育に加えて，自分で考え，判断し，表現し，グローバルな視野で人間関係を築く力等が求められます。そこで，園は今まで以上に保護者と協同して子どもたちを育てていくことが重要です。

　幼児期に主体的，自発的に取り組む好きな遊びが特に重要ですが，その際，大人の関わり方が課題になります。先走って教え込んではいないでしょうか。結論を急いでいないでしょうか。子どもが自分で気付き，考え，試行錯誤し，表現しながら考え，判断する力を育んでいくには，自分からやってみたい，試してみたいと思える環境（機会や場所）とたっぷりの時間，そしてタイミングよく提案をする大人の関わりが必要であることを伝えましょう。

　多様に心を動かす体験は身近なところにあります。親子で小動物や草花等の飼育栽培をしたり，風や雨等の自然事象を体感したり，祭り等の地域行事に参加したりすることを薦め，子どもの発見や気付きに共感したり，不思議さを共に楽しんだりする姿勢が重要であることを伝えて，保護者と協同してたくましく生きる子どもを育てていきましょう。

（篠原 孝子）

参考文献：DVD「幼児教育から小学校教育へ」幼児教育映像制作委員会

CHAPTER 2

事 例
「幼児期の終わりまでに
育ってほしい姿」とその見取り

実践をする上で,「幼児期の終わりまでに育ってほしい姿」をどう意識していくか

　新しい幼稚園教育要領において示された「幼児期の終わりまでに育ってほしい姿」((1) 健康な心と体, (2) 自立心, (3) 協同性, (4) 道徳性・規範意識の芽生え, (5) 社会生活との関わり, (6) 思考力の芽生え, (7) 自然との関わり・生命尊重, (8) 数量や図形, 標識や文字などへの関心・感覚, (9) 言葉による伝え合い, (10) 豊かな感性と表現) の実際の指導に当たっては, これらの姿を個別に取り出し保育を行ったり, 10の姿のみに力点を置いて保育を行ったり, 幼児期の終わりの到達目標として幼児の育ちを評価したりするものではないということを基本に置くことが大切です。

　「幼児期の終わりまでに育ってほしい姿」は, 幼稚園教育要領において「第2章に示すねらい及び内容に基づく活動全体を通して資質・能力が育まれている幼児の幼稚園終了時の具体的な姿である」と明示されています (図1)。つまり, 「幼児期の終わりまでに育ってほしい姿」は, 各領域のねらい及び内容に基づく活動 (環境を通して行う教育) を通して, 3歳児, 4歳児とそれぞれの時期にふさわしい指導を積み重ねてきた具体的な姿であるということです。指導に当たっ

(図1)

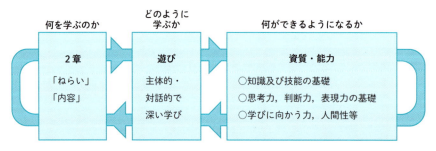

ては，これらの姿がどのように育まれているかという過程こそが大切にされなければなりません。

これらの視点を踏まえ，指導に当たって「幼児期の終わりまでに育ってほしい姿」をどう意識していけばよいか，資質・能力の育成，小学校教育との接続の視点から考えてみたいと思います。

「幼児期の終わりまでに育ってほしい姿」を踏まえた教育課程の編成

幼稚園等における保育は，保育者や他の子どもと生活を共にする中で，人やものなどの環境に主体的に関わり，発達に必要な経験を自ら得られるようにしていく営みです。先にも述べたように「幼児期の終わりまでに育ってほしい姿」は，5歳児後半に突然現れるものではなく，3歳児，4歳児の時期から，それぞれの時期にふさわしい指導を積み上げていくことが大切です。

これらを踏まえ，新しい幼稚園教育要領では，教育課程の編成に当たって「幼稚園は，教育基本法及び学校教育法その他の法令並びに幼稚園教育要領の示すところにより，創意工夫を生かし，幼児の心身の発達と幼稚園及び地域の実態に即応した適切な教育課程を編成する」こととされています。

その際，「幼児期の終わりまでに育ってほしい姿」を踏まえた教育課程を編成することや教育課程の実施状況を評価して，その改善を図るためのカリキュラム・マネジメントが求められています。つまり，教育目標の実現を目指して，教育課程を編成し，人的・物的な資源を効果的に活用しながら指導を行い，その結果について評価・改善を行うPDCAサイクルを確立することだと言えます。さらに，家庭や地域と教育課程の編成の基本的な方針について共有できるように，説明責任を果たしていくことが大切です。

資質・能力の視点から保育を捉える

これからの教育は，「社会に開かれた教育課程」の理念のもと，これからの時代に必要となる未来の創り手としての資質・能力の基礎を育むことが，新しい教育課程で求められています。つまり，子どもたちは，遊びや生活の中で，人やものなどの様々な環境に主体的に関わる豊かな体験を通して「知識及び技能の基礎」「思考力，判断力，表現力等の基礎」「学びに向かう力，人間性等」の資質・能力が育まれているのです。評価と改善に当たっては，常に指導を通して，幼児

の発達の理解と教師の指導の改善という両面から行うことが大切です。これらのことから，日々の保育において資質・能力がどのように育まれているか，さらにはその結果として「幼児期の終わりまでに育ってほしい姿」はどのように育まれているかなどを，以下の視点で明らかにしていくことが大切です。

○豊かな体験を通じて，感じたり，気付いたり，分かったり，できるようになってきているか。「知識及び技能の基礎」の視点からの保育の振り返り。
○気付いたことや，できるようになったことなどを使い，考えたり，試したり，工夫したり，表現したりするようになってきているか。「思考力，判断力，表現力等の基礎」の視点からの保育の振り返り。
○心情，意欲，態度が育つ中で，よりよい生活を営もうとするようになってきているか。「学びに向かう力，人間性等」の視点からの保育の振り返り。

アクティブ・ラーニングの視点からの指導の改善

新しい時代に必要となる資質・能力の育成に当たって，課題の発見と解決に向けた主体的・対話的で深い学びの視点から指導の改善が常に必要です。

■「主体的な学び」の視点
　周囲の環境に興味や関心を持って積極的に働き掛け，見通しを持って粘り強く取り組み，自らの遊びを振り返って，期待を持ちながら，次につなげる「主体的な学び」が実現できているか。

■「対話的な学び」の視点
　他者との関わりを深める中で，自分の思いや考えを表現し，伝え合ったり，考えを出し合ったり，協力したりして自らの考えを広げ深める「対話的な学び」が実現できているか。

■「深い学び」の視点
　直接的・具体的な体験の中で，「見方・考え方」を働かせて対象と関わって心を動かし，幼児なりのやり方やペースで試行錯誤を繰り返し，生活を意味あるものとして捉える「深い学び」が実現できているか。

小学校教育との接続に当たっての「幼児期の終わりまでに育ってほしい姿」の具体化

「幼児期の終わりまでに育ってほしい姿」は，5歳児後半の評価の手立てともなるものです。幼稚園等と小学校の教員が，5歳児修了時の姿について理解を深め共有化することにより，幼児期の教育と小学校教育との接続の一層の強化が期待されています。また，小学校低学年は，学びがゼロからスタートするわけではなく，幼児教育で身に付けたことを生かしながら教科等の学びにつなぎ，子どもたちの資質・能力を伸ばしていく時期であると言えます。

新しい小学校学習指導要領の総則「第2教育課程の編成 4学校段階等間の接続」において，「幼児期の終わりまでに育ってほしい姿を踏まえた指導を工夫することにより，幼稚園教育要領等に基づく幼児期の教育を通して育まれた資質・能力を踏まえて教育活動を実施し，児童が主体的に自己を発揮しながら学びに向かうことが可能となるようにすること。」と示され，幼稚園教育の成果を小学校教育へ確実につないでいくことが求められています。

これらのことから小学校では，入学した児童がスムーズに学校生活へ適応していけるようにスタートカリキュラムが編成され，生活科の学習活動を中核として，合科的な指導が行われています。その編成に当たっては，幼児期の終わりの育ちの具体的な姿が必要となります。

例えば，「幼児期の終わりまでに育ってほしい姿」の1つである「協同性」では，「友達と関わる中で，互いの思いや考えなどを共有し，共通の目的の実現に向けて，考えたり，工夫したり，協力したりし，充実感をもってやり遂げるようになる。」と明記されています。しかし，これだけでは具体的な子どもの育ちの姿がイメージできません。

発達や学びの連続性を踏まえたより確実な接続を行っていくためには，スタートカリキュラムにおいて，「幼児期の終わりまでに育ってほしい姿」を中心に，生活や遊びの姿から具体的な子どもの成長した姿を明らかにし，小学校教員と話し合っていくことが大切です。

(山下 文一)

事例 1

幼児期の終わりまでに育ってほしい姿
(1)健康な心と体　(6)思考力の芽生え　(7)自然との関わり・生命尊重

【3歳児未満】

自分で気付き興味をもとう，納得いくまで探究しよう

―― 事例の概要・計画 ――

　3歳未満児の保育において，「健やかに伸び伸びと育つ」「身近な人と気持ちが通じ合う」「身近なものと関わり感性が育つ」は，それぞれ身体的発達・社会的発達・精神的発達に関する視点としてまとめられています。しかし，実践においてはそれぞれが独立しているわけではなく，1人1人の子どもが主体的に人的・物的環境に働きかける過程において，それらは相互に密接に関わり合いながら生じ，展開します。

　当園では，1人1人の子どもの興味・関心を起点とし，好奇心・探究心を満たすために，主体的な働きかけを行うことを通じて学びに向かう力を育てることを目標としています。保育者の役割としては，内発的動機付けを惹起する人的・物的環境を構成することを中心に据えています。特に3歳未満児の保育においては，愛着関係を築くとともに，変化と多様性に富んだ環境を提供することで，意欲的な探索活動を促進しています。

　この事例は，段階的に水・砂・泥に親しんでいく様子を見守り，子どもの気付き・考え・工夫に共感するプロセスを共有する取組です。

―― イメージする「育ってほしい姿」 ――

　水・土・砂・泥・草木などの自然環境や，そこに集まる昆虫・小動物と触れ合ったり，身近な道具の使い方を試行錯誤する中で，命の大切さ，自分で感じ創意工夫する意欲，身体を自在に動かすことの楽しさなどに気付くようにしていきます。

> **事例1**
> **水・砂・泥のとの出会い（0歳児4月）**
>
> 　身近な環境に自分から関わり，発見を楽しんだり，五感を使って確かめたりし，信頼できる大人とそれを共有する。受容的・共感的・応答的な関わりを通じて，自己肯定感を育み，意欲的な探索活動の基盤とする。

　雨が降った翌日，砂場のシートに溜まった雨水をそのまま利用して，0歳児保育室前に泥んこプールを設定した。最初にその存在に気付いたのは，1・2歳児であった。普段，砂を入れて遊んでいる様々な容器で雨水をすくって遊び始める。砂場の外側から身を乗り出して遊ぶことに飽き足りなくなった子どもが裸足になり，中に入って歩きまわると，雨水と砂が入り混じり，まさに泥んこプールの様相を呈してきた。

　1・2歳児がダイナミックに遊ぶ姿に惹きつけられた0歳児L（当時1歳0か月）は，少しずつ砂場に近付き，最初はおそるおそる指先で水面に触れていた。温度や感触を確かめるように水中で手を動かしたり，手に付いた水滴を眺めたりした後，向こう岸に渡ろうと砂場の縁を高這いで移動し始めた。しかし，縁が狭いため右足が砂場の中に落ち，泥水の中に深くはまり込んだ。するとLは，足指を何度も曲げ伸ばしたり，足を深く踏み入れたり水面ギリギリまで持ち上げたりしながら感触を確かめるような様子を見せた。

　しばらくして，Lが満足したように「アー！」と声をあげると，それまでの様子を静かに見守っていた保育士が近付く素振りを見せた。それに気付いたLは保育士の顔を見上げ，再び「アー！」と声をあげた。保育士が（見ていたよ。面白いね。不思議だよね）と共感を表すと，Lは納得したように，再び高這いで移動を始めた。そして，その途中，何度か意図的に泥水の中に足を浸していった。

―― 解 説 ――

　当園では，富士山由来の黒ボク土と豊富な湧き水を活用し，泥んこ遊びを十分に堪能できる環境を整えています。

　約8m四方の泥場に全身で浸かる体験は，主に3歳以上児に用意していますが，その前段階として，砂場での水遊び，雨が降った後の園庭探索，赤土粘土，フィンガー・ペインティングなどを0歳から段階的に取り組んでいます。この事例における砂場での泥んこプールの設定も，その一環でした。

　生活面では育児担当制を採用していますが，遊びについては園庭他で自由に異年齢交流を行い，文化的伝承が発生することを企図しています。この事例では，1・2歳児と0歳児Lとの間に遊びの内容に関する交流・伝承は生じませんでしたが，新しい環境への興味・関心を惹起するトリガーとして重要な役割を果たしました。

環境構成のポイント

　普段，目にしていた砂場の様相をガラリと変えることで，子どもたちの興味・関心を普段以上に惹起します。環境への興味・関心が探索活動へつながるように，また，異年齢交流が自然に起きるように活動範囲・時間を共有します。

> **事例2**
> **水が流れることへの興味と，偶然からの気付き（1歳児7月）**
> ーーーーー ねらい ーーーーー
> 　身近な環境に自分から関わり，発見を楽しみ，信頼できる大人とそれを共有する。

　2歳児がダイナミックに水遊びをした結果，園庭に川ができた。その水が敷地内に流れる農業用水路に流れ込む様子に興味をもった1歳児L（当時1歳3か月）は，流入側と流出側の勢いを繰り返し何度も見比べていた。スコップで流入側を塞いだり，逆に扇ぐようにして勢いよく流し込むと，用水路内に流れ込む様子が変わるかどうかも観察していた。

　しばらくして，上流で2歳児が遊びに使用していたプリンカップが流れてきて，偶然にも流入側の口にピッタリとはまり込んだ。突然，水が流れなくなったことを不思議に思ったLは，再び流入側と流出側を見比べた。水の勢いが足りないからだと仮説を立てたのか，Lは先ほどよりもさらに勢いよく，スコップで扇ぐようにして水を送るが，用水路内には水が流れていかない。水かさが増したため，泥水が深くなってプリンカップは見えなくなってしまった。

　その様子をずっと観察していた保育者の存在にLも気付き，視線を送った。保育者が「流れないね」と言うとLもうなずく。「不思議だね」と言いつつ流入口を見る保育者の視線に気付いて，Lは再び観察を始め，手で直接触れて確かめはじめた。プリンカップがはまり込んでいることに気付くと，それを引き抜き，水が流れることを発見した。その後，何度かはめ込んだり，引き抜いたりを繰り返し，水の流れとの因果関係を理解した様子だった。

　Lはこれまでにも，水栓の開閉と水の流出の勢いに因果関係があることや，水路の水量と水流に因果関係があることを遊びを通じて知り，その知識を使って試したり，工夫したりすることで遊びを，より深めたり広げたりしてきた。

　今回は暗渠（あんきょ）の入口側と出口側の観察を通じて，プロセスを目視できない現象の因果関係に気付いたことで，思考の奥行きが広がった。その気付きに，Lが独力で辿り着けるか，最低限の助力が必要かを適切に見極めることが保育者の関わりとして重要である。

解説

　当園では，敷地内の井戸を活用し，園庭の水道には井水を使用しているため，子どもたちの主体的な水遊びに関しては，ほとんど水量を制限していません。そのため，園庭内に小さな川のような流れが生じることもしばしばです。

　その流れが園庭内を走る農業用水路に入り込む場所では，この事例のような発見・理解が時折見受けられ，保育者は必要最低限の助言・支援を行う他は見守りに徹しています。

　保育者は，Lが水の流れや，それを堰き止めることで生じる現象に興味をもち，かつまた，そうした現象の因果関係について理解が進んだと見て取り，水場と砂場を連結して遊べるように，ホースや樋，大きさや形の異なる容器を用意し，さらなる試行錯誤が可能な環境を構成することに配慮しました。

環境構成のポイント

　身近な素材でありつつ，形態・性質の変化が子どもにも理解しやすい形で現れる水は，使用量や遊び方を可能な限り制限しないようにします。水の特性を可視化できる，容器・ホース・樋なども水遊び場に豊富に準備するとよいでしょう。

幼児期の終わりまでに育ってほしい姿をどのように指導に生かすか

　それぞれある一定の視座から子どもの心身の健全な育ちを捉え，方向性を示したものと考えると，それは幼児期の終わりになって，突然に表面化・顕在化してくるものではありません。5領域を可視化し保育者が計画・振り返りに活用しやすくする指標と考えれば，乳児保育に関わる3つのねらい「健やかに伸び伸びと育つ」「身近な人と気持ちが通じ合う」「身近なものと関わり感性が育つ」を基礎に発達のつながり・連続性を重視せざるを得ません。

　10の姿をそれぞれ関連付けず個別に評定しても，1人1人の子どもの姿を具体的に捉えることにはつながりません。**ドキュメンテーションなどの取組を通じて，保育者・保護者・子どもとの対話を重ねることで1人1人の成長のストーリーに客観性を付与していくことが必要です。**

（中村 章啓）

事例 2

幼児期の終わりまでに育ってほしい姿
(7)自然との関わり・生命尊重

3歳児未満：内容「自然」

何だろう，不思議さの入り口

事例の概要・計画

　乳児は生まれながらに育ちのプログラムをもっています。しかし，1つ1つの機能はとても未熟で，周囲の大人との関わり合いがとても重要になります。この時期の大人との愛着形成が，その後の「人と関わる力」に大きな影響を及ぼすことは既知のとおりです。ただ，子ども自身が周囲の人的・物的環境に関わることを通して発達していくとはいえ，3歳未満児は，まだその表現が十分ではありません。自我の芽生えや自己主張も個人差があり，大人からの気付きの有無や敏感さでもその形成プロセスに差が生じます。だからこそ，子どもの特徴的な育ちの段階を把握するとともに，月齢や出生体重，家庭環境等で個人差の大きい乳児期には，子どもからのサインを見逃さないようにしたいものです。今回の改訂で示された10の姿の「自然との関わり・生命尊重」には，「好奇心や探究心」「身近な事象への関心」「身近な動植物」「生命の不思議さ」「命あるものへのいたわり」等のキーワードがあります。もちろん活動範囲の広がる3歳以上児ではその好奇心も探究心もすぐに行動につながるのでしょうが，3歳未満児の場合は，見たもの触れたものに対して感じたことへの素直な感動が関心や継続につながります。子どもの視点（注視している方向）や触れようとして伸ばしている手等にいかに周囲の大人が気付いてその思いを代弁することができるかで，さらなる関心の高まりや言葉での表現，（言葉への置き換え）につながります。

イメージする「育ってほしい姿」

　不思議だ，美しい，何だろうと，興味をもったものへの主体的な関わり（見る，触ろうとするから，見たい，触れたい，試したいへつながっていく姿）を目指します。

> **事例1**
> **触ってもいいのかな？（0歳児9月）**
> ── ねらい ──
> ○気になった「もの」や「こと」を見るという行為で表現する。
> ○周囲の大人に守られながら，経験したことを安心して，繰り返し試そうとする。

　水遊びをした年中児が，その片付けの延長で0，1歳児の遊ぶウッドデッキを掃除していた。その後，少し水のたまった水たまりを見付けたA児。そのそばに座り込んで「触ってもいいかな〜。どうしようかな〜」と考えているのか，じっと見ている。その姿に，A児の気持ちをキャッチした保育士がその水たまりに手をつけて「つめた〜い」「気持ちいい！」と言うと，パッと目を輝かせて，同意を得たかのように，同じ水たまりに手をつけてピチャピチャと水音をたてたり水しぶきをあげたりして楽しみ始めた。保育士が「見て！先生のおててよ」と，乾いた部分に手形をつけて見せると，すぐに真似をしていくつもいくつも手形をつけて「おてて！」と遊んでいる。

　夢中になって手形を押しながら，A児の後を追いながら，A児の足跡がついていることに気付いた保育士が，「あれ？　これ，何だろう？」と言葉をかけると，「あれ？」と不思議そうに見たり触ったりしていたが，「あ！」と気付き，今度は水たまりの上を歩いてウッドデッキにたくさん足跡を付けて回るA児。その姿につられて数人の子どもたちも足形，手形つけを楽しんでいた。

解説

　これまでも，雨降りの日に窓を伝う雨のしずくが気になって，窓を軽く叩いてみたり，保育士や友達に視線や指さし，2語文等で教えようとしたりと，雨や水に興味のあったA児。この日は雨降りではないのだが，「水」に強い関心を示したことが遊びのきっかけになっていました。いつも遊んでいるウッドデッキの様子の違いに気付き，じっと見ていた子どもの姿を，保育士が見逃さずに遊びへと誘ったことで，数人の遊びへと発展しています。自分の前にあるから気付く手形と，見えてはいないけれど，濡れていた足で「足形」ができたことを指摘され，それが自分の足跡だと分かってからの遊びの広がりは，気持ちの弾みが伝わってきます。何気ない光景ですが，保育者の言葉かけにより気付いた後は，自らが働きかけて遊びへとつながっています。指先が使えるようになったことから物との関わりを楽しめるようになり，さらに繰り返しの遊びが盛んになるこのころは，「興味→遊び」という気持ちを引き出すことを心がけます。一度遊んだ経験をもつ遊具では，同じ遊びを展開するような記憶する力も付いていることから，夏の水遊びでの経験と，水たまりでの経験が相まってイメージの力が発揮できます。身近な手洗いの際の「水」，雨ふりの「水」，水たまりの「水」が同じ属性のものであるという認識ができるようになります。袖口が濡れても気にせずに，むしろその感触を味わうことを喜ぶ『お水大好き』のこの時期の子どもにとって，物の永続性の理解にもつながり，想像力の芽生えにもなります。

環境構成のポイント

　採光や気温差等に気を付けながらも，できるだけ周囲の自然環境に興味をもてるように，窓には過度な装飾を避けます。日常生活の中で子どもの視点に気付けるよう保育士の立ち位置にも工夫していきます。

事例2
雨の中のお散歩（2歳児9月）

○雨が空から降ってくる様子を体感することでより興味を深める。
○傘の持ち方にも気を付けながら，雨降りを楽しむ。

　雨降りの中，傘をさしてお散歩。大きな傘をB児とC児，2人でぎゅっと傘の柄をにぎり，そろそろとスタート。そうっと歩きだすと，初めは靴裏に感じる雨の感触に2人で顔を見合わせて「ふふっ」と笑い，足元ばかり見ていたが，ふと上を見上げると，ビニール傘に降ってくる雨粒や音に気付く。その変化に興味津々のB児。「見て！」と大きな声を出し，2人で見上げては「あめ〜」「ここも雨よ」「あっ！こっちも雨！」「ここもよ」と，雨粒探しに夢中になっていた。

解説

　子どもの育つ環境の変化はもちろんですが，自家用車での送迎が中心の子どもたちは，普段から「傘をさす」という経験がほとんどありません。年長児は就学に際し，自分で傘の開閉ができるようにと，あえて傘を持参して，雨の中での通学に困らないように散歩をする機会があります。しかし，2歳児は自分の体が濡れないように傘をまっすぐにさすことは難しく，まだまだ体幹がしっかりと備わっていないので，ふらついてしまいます。

　そのため，そういった年長児の姿を見たりすることや，室内から雨音や雨だれの様子に興味を示し始めたりしている子どもたちが，室内からではなく，雨の中で「上から降る雨」を実感することは貴重な体験だと考えています。このようなときは，軽くて小さい周辺の様子がよく見えるビニール傘が重宝します。着脱しやすく，足が濡れにくい長靴も持参してもらい，園庭を散歩します。いつも遊んでいる見慣れた光景ですが，ビニール傘越しに見える薄灰色の空から落ちてくる雨粒が，より子どもの興味を引き出します。気温差や降水量などを十分に考慮し，計画に取り入れてすぐに実践できるような準備をしておくことが重要です。

環境構成のポイント

　興味・関心をもったことを，すぐに子どもたちの実感できる体験につなげていくことが大切です。それだけに保護者との連携のもと，長靴等の準備，軽くて雨だれの見やすい軽いビニール傘，水たまりの様子等について事前に把握することがポイントです。

幼児期の終わりまでに育ってほしい姿をどのように指導に生かすか

　今回の事例では，「⑺自然との関わり・生命尊重」の中でも自然との関わり，とりわけ子どもたちの大好きな「水」を取り上げてみました。これは単に現象の1つとしての「雨」や「水たまり」といった周囲の環境との相互作用による育ちにのみ焦点を当てているのではなく，0，1，2歳の子どもたちにとっての身近な自然との関わりや関心をどう捉えるかについての事例です。「身近な自然の美しさや不思議さに触れて感動する」「自然の変化などを感じ取り，関心をもつようになる」など，「触れる→関心が深まる」といった，関わりの中での感動体験は何にも代えがたいものです。心の動きと実際が一致することでますます興味が湧いてきます。その一連の流れへの理解は簡単なことですが，**この時期の子どもたちに何よりも大切なのは，周囲の大人がその気持ち，関心，不思議さといった心の動きを捉える視点をもっているのか，その気付きに対してどうゆとりをもって，その感動をキャッチし付き合うことができるのかということです。**

　小さな育ちの変化を見逃さない保育者の感性が，例えば，園の軒下につくったツバメの巣の中の赤ちゃんへの気付きや，4，5歳児が植えたチューリップの球根から出た小さな芽に，何だろうと手を伸ばそうとする興味といった周囲の変化に気付き，それを身近な大人に伝え，共有するといった感動体験のスタートになるのです。子どもの気付きを見逃さずに気付くことができ，その感動にあらかじめの予想や計画や準備をもって寄り添えるかが，0，1，2歳児にとっての「生命」を含めた自然への興味・関心，感動体験への一歩につながります。

（北野 久美）

> **事例 3**　幼児期の終わりまでに育ってほしい姿
> (3)協同性　(7)自然との関わり・生命尊重　(10)豊かな感性と表現

3歳未満児：内容「表現」

イメージを身体や言葉で表現しよう

事例の概要・計画

　これは，2歳児クラスでのアオムシの飼育から身体表現につながった事例です。アオムシに石や枝をあげようとする子どもたち。ある子どもの「アオムシは葉っぱを食べる」という一言をきっかけに，飼育が始まりました。幼虫からさなぎになって，「死んでる」という子どももいれば，「いなくなった」という子どももいます。

　保育者が日々の言葉かけを意識したり，『はらぺこあおむし』を読んだり，『ちょうちょう』を歌う中で，アオムシや蝶のイメージが膨らんで，段ボールや新聞紙を使った身体表現へと展開していきました。その際，20分もの間，段ボールの中に閉じこもる男の子の姿がありました。なぜ，彼はそんなに長い時間，段ボールの中にいたのでしょうか。

イメージする「育ってほしい姿」

　3歳未満児は好奇心や探究心から，様々なものに積極的に関わろうとします。乳児期から日常的に自然や生き物と触れ合う中で，心動かされる出来事に出合い，自然の変化や不思議さに気付いていきます。こうした積み重ねを経て，「自然との関わり・生命尊重」といった幼児期の終わりまでに育ってほしい姿へつながっていきます。

　また，この時期は語彙が急激に増える時期であり，友達の真似をし合うなど，他者との関わりが増えていきます。こうした時期だからこそ，友達とやりとりする楽しさ，一緒にする楽しさを味わうことは，その後の「協同性」につながります。

　そして，心動かされる出来事や他者との関わりで得られる喜びは，表現への意欲や喜びにつながっていきます。乳児期においてもしっかりと「豊かな感性と表現」の姿が見られるのです。

> **事例1**
> **身近な生き物に触れ合おう（2歳児6月）**
>
> ━━━ ねらい ━━━
>
> 身近な生き物への興味や関心をもち，自ら関わる中で発見を楽しんだり，親しみをもったりする。また，生き物に対する友達の気付きに触れたり，共有したりする中で，生き物への関心や気付きを深める。

　虫に興味をもつ子どもが多かったため，園庭で見付けたアオムシを虫かごに入れて観察することにした。

　保育者が「アオムシ，動けへんなあ，お腹すいてるんかなあ，ご飯さがしに行こうか」と伝えると，子どもたちは餌になりそうなものを探し始めるが，石や木の枝ばかり拾ってくる。しかし，R児の「（アオムシは）葉っぱ食べるんやで」という一言をきっかけに，子どもたちは様々な葉っぱを集めて虫かごに入れる。

　翌朝，「緑色の葉っぱだけ食べてる，同じ色の葉っぱなら食べるんちゃう？」という保育者の投げかけを受け，緑色の葉っぱ探しと飼育が始まった。

　数日後，虫かごの中のアオムシが『はらぺこあおむし』の絵本と一緒だと気付いたり，アオムシがさなぎになったとき，「死んでる」「いなくなった」というつぶやきをする一方で，絵本の中のさなぎのページを見て「これ一緒」と言ったりして，絵本と現実の世界を結び付け，さなぎが蝶になると予想する子どもも現れた。

虫かごを覗き込む2歳児

　そしてある朝，子どもたちが登園するとさなぎは孵化しており，それを見て喜ぶ姿や，図鑑を指して「これと同じ！」と発見する子どもの姿があった。

成虫となった蝶を見送る2歳児

数日経って元気のなくなった蝶を見つめているR児に保育者が話しかけると，R児は「おなかすいたんやって」と蝶の気持ちを代弁するように話す。子どもたちと保育者は「みんなもお腹すいたらおうちに帰るよね，ちょうちょうもおうちに返してあげようか」と放すことにしたのであるが，保育者が「どうやって帰っていった？」と尋ねると，両腕を大きく上下させて「こうやって帰っていった」と表現する姿があった。

 解 説

　乳児期は，身近な生き物に関わろうとする好奇心は旺盛ですが，知らないことがたくさんあります。また，2歳児のこの時期ですので，クラス全員が同じような気付きや行動に至るわけではありません。

　しかし，身近な生き物に関わる機会が多くあったり，心が揺り動かされる出来事に出合ったり，友達や保育者の気付きや発見が伝わったりすることで，自然に対する関心が高まります。

　今回の事例にあるような，身近な虫を身近な空間で飼育するといったことから，生き物に親しみ「自然との関わり・生命尊重」の基礎を育むとともに，「アオムシは葉っぱを食べる」という友達の気付きから，何人かで共通の目的（葉っぱを探す）をもって行動するという経験は，幼児のような協同的な関わりはなくとも，「協同性」に向けた大切な芽生えがあるのではないでしょうか。

環境構成のポイント

　保育者は，はじめから『はらぺこあおむし』を虫かごと並べて置くのではなく，読み聞かせの中で「絵本と一緒」と気付いた子どもが現れてから置いています。そこには，お話を聞く中で自ら気付いてほしいという願いがありました。

> **事例2**
> **アオムシや蝶を自分なりに表現しよう（2歳児7月）**
>
> ━━ ねらい ━━
>
> アオムシの飼育や絵本で広がった蝶のイメージを，段ボールや新聞紙を使いながら自分なりの方法で表現して楽しむとともに，友達の表現方法と共鳴しながら，共通のイメージに向かう表現を楽しむ。

　アオムシの飼育をする過程で，『ちょうちょう』を歌ったり，『はらぺこあおむし』の読み聞かせをしたりしていると，子どもたちの会話の中にアオムシや蝶，絵本に出てくる果物の名前が多く表れてきた。蝶を放してからは，身体で表現する姿も見られ，保育者はその表現したい気持ちを捉えようとした。

　この日，数人に『はらぺこあおむし』の絵本の読み聞かせをしていると，多くの子どもたちが集まってきた。読み終えてから「じゃあ，今からちょうちょうになってみようか」と問いかけ，ホールに移動する。

　子どもたちは，保育者があらかじめ無造作に置いたいくつもの段ボールと新聞紙に駆け寄り，様々な感触を楽しんだ後，筒状になった段ボールに入ってアオムシになったり，新聞紙を食べるふりをしたり，蝶になって走り回ったりと，多様な表現をしはじめたのである。

　しかし，事例1に出てきたR児は，段ボールの中に入り込み，なかなか出てこない。ときどき出てきて丸めた新聞紙をもっては再び段ボールに入る。保育者

段ボールと新聞紙でアオムシを表現する2歳児

段ボールに閉じこもり，さなぎになりきるR児

が上から覗き込むと，小さな声で「むしゃむしゃ」と言いながら新聞紙を食べるふりをしている。

「何してるの？」と尋ねると，「さなぎになった」「寝てるの」「いちごちょうだい」「りんごちょうだい」などと答え，R児なりの『はらぺこあおむし』を再現していたのである。しかも，他の子どもたちが，蝶をイメージして走り回っている中でも，R児は約20分もの間，ほとんど段ボールの中でさなぎになりきり，その後，突然段ボールから出て，大きく手を羽ばたかせてホールを走り回ったのである。

解説

この事例では，子どもたちが段ボールや新聞紙を使って，飼育したアオムシや『はらぺこあおむし』の世界を表現しています。単に保育者の真似をして表現するのではなく，アオムシの飼育経験や孵化した蝶を放した経験，絵本の読み聞かせなどから，子どもたちの中に豊かなイメージが膨らんでいたのです。そして，20分もの間，ほとんど段ボールの中でさなぎになりきっていたR児は，アオムシ飼育の際，最も熱心に見ていた子どもでした。R児にとって，アオムシの飼育は心を動かす出来事であり，じっくり観察をしてイメージを豊かにしたからこそ，そうした表現につながったのでしょう。まさに2歳児なりの「豊かな感性と表現」を見いだすことができます。

また，子どもたちの表現は，それぞれが共鳴し合い，発展していくことがよくあります。そこから得る喜びは，一緒に何かをやりたいという思いや，一緒に取り組むことの充実感につながっていくことでしょう。ここにも幼児期の「協同性」への芽生えがあるのではないでしょうか。

環境構成のポイント

子どもたちの中にアオムシのイメージが膨らんでいると見取った保育者は，段ボールと新聞紙を用意した上で表現遊びへと誘いました。子どもたちの中に豊かなイメージがあれば，物が表現を誘発します。

幼児期の終わりまでに育ってほしい姿をどのように指導に生かすか

　10の姿の文末は「〜ようになる」と表されていますが、どうすればそうなるのか、多くの保育者が悩むところだと思います。そこで10の姿を細かく区切った後、それぞれに「〜経験があるか？」を付け、自らの実践を振り返る視点にしてみてはどうでしょう。

　「豊かな感性と表現」では、「**心を動かす出来事などに触れ感性を働かせる**（経験があるか）中で、**様々な素材の特徴や表現の仕方などに気付き**（経験があるか）、**感じたことや考えたことを自分で表現**したり（する経験があるか）、**友達同士で表現する過程を楽しんだり**し（する経験があるか）、**表現する喜びを味わい、意欲をもつようになる**（経験があるか）」と自らの実践を自問する材料にしていくのです。

　経験の積み重ねの上に10の姿が見えてくると考えると、活動の見直しに生かすこともできるのではないでしょうか。

（青木　一永）

事例 4

幼児期の終わりまでに育ってほしい姿
(3)協同性　(6)思考力の芽生え　(7)自然との関わり・生命尊重

3歳児

友達と創り出す遊びの楽しさ

事例の概要・計画

　周囲の様々な環境に対して積極的に関わろうとする幼児の態度は，身近なものや出来事，自然などに対して，幼児が心動かされ，「なぜ？」「面白い」「もっと関わりたい」などと思う経験をすることから生まれます。

　そして，このような気付きや感覚，思いや考え，表現や行動などを周りの友達や保育者にも伝え，共感してもらえることによって，幼児は身近な環境により興味や親しみをもって関わっていくようになります。感動する心や思考力も，こうした環境との相互作用の過程で育まれていきます。

　さらに，このようにして個々の幼児が得た学びは，友達との関わりを通して，互いの思いや考えなどを共有し，それらの実現に向けて，工夫したり，協力したりする充実感を味わう協同性の中で，より高次で複雑な学びへと発展していきます。

イメージする「育ってほしい姿」

　幼児は自然や様々なものとの関わりの中で，みずみずしい生命感や自然の法則性，科学的な真理のような「なんだか，すごい」事柄に触れたということを嗅ぎ取っているかのようです。

　科学的なものへの関心や個人的な発見・思考が，友達との生活の中での問題を解決する力となるためには，言葉や表現などを友達と表現し理解し合う，協同的感性が必要となってきます。

> **事例 1**
> 「せんせい,お外,うおん うおん 怒っとるよ」(1)
> (3歳児5月)
> ──── **ねらい** ────
> ○身近なものに興味をもって関わったり,好きな遊びを見付けて遊ぶ。
> ○保育者や友達に親しむ。

「せんせい,お外,うおん うおん 怒っとるよ」。

園庭でヒーローごっこをしていた3歳児たちが,保育室に駆け込んできた。おびえた様子で,表情もこわばっている。

「そんなに怖いか,どれどれ」。

私が外へ出ようとすると,子どもたちもついてきた。私の背中に隠れて風を防いでいる。

「すごい風。横殴りの雨。ひゅーん」。

私がおどけながらとばされいてく振りをすると,今度は子どもたちが前に立って,私を守るようにする。

そして,「いくぞ,キックだ」と,小雨交じりの風に向かっていく。

強く吹きつける風が,掲揚ポールのロープを「ぐおーん ぐおーん」と鳴らしている。

解 説

　強い風とそれが起こす不気味な音や感じを，幼児たちは「うおん　うおん　怒っとる」と表現していることが分かります。強い風に身体を押されたり，雨粒に顔を打たれたりする現象の背景に，生命感に満ちた何者かの存在を嗅ぎ取っている様子です。保育者の存在とおどけた動作によって，この現象が自分たちにとって危険ではない親しみのもてる存在であることを理解し安心すると，今度は風に向かって挑んでいくようになりました。

　「横殴り」という保育者の言葉から受けたイメージが，戦いごっこに駆らせたのでしょう。風力や音，雨とじゃれ合いながら，その特性を自分たちの遊びに取り込んでいます。このようにある出来事を共有しながら，友達との多様な感情を交流させる遊びには，幼児の心を癒し，困難に立ち向かわせる力や環境と触れ合わせる力があります。

　私たち保育者は，幼児が人と共にいる喜びを感じ，皆で目的や願いを共有し志向する中で，話したり，聞いたり，考えを合わせたり，自分の役割を考えて振る舞ったりする体験を3歳児期から十分に保障することが大切です。このような遊びが幼児の興味や関心に基づいて十分に繰り返されるように援助しながら，幼児の身近な環境や事象への関心が高まるようにすることが大切です。そして，単に知識を得ることだけではなく，環境の仕組みに心を動かせ，遊びや生活の中に取り入れ生かしていく楽しさを感得することが，好奇心をもって環境に関わり続ける力につながっていきます。

環境構成のポイント

　子どもたち1人1人の姿を受け止め，幼児から出てきた遊びの流れに寄り添ってごっこ遊びの家族やお客様になったり，用具を用意したりして友達と触れ合いながら遊べるように工夫していきます。

> ## 事例2
> ## よく動く飛行機(2)（3歳児11月）
> ### ねらい
> ○友達や保育者と好きな遊びをしながら，一緒に遊ぶ楽しさを味わう。
> ○自分の思いを自由に表現して遊ぶことを楽しむ。

「先生，この飛行機どうにかして」とA児が言う。A児が大型ブロックでつくった飛行機にまたがって乗ろうとした途端，壊れてしまったらしい。昨日からつくっていたもので，「明日またするから」と保育室の棚の横に置いていた。

「ほれな，すぐ壊れるだろ」。A児がつくった飛行機は，4つタイヤが付いたブロックを6つつなぎ合わせて土台にし，その上にブロックを重ね合わせ，左右に飛行機の翼に見立てた大きなブロックが付いている。翼部分の左側にブロックをたくさん付けているので，左右のバランスが悪く，左に傾いて倒れてしまう。

「壊れちゃったねえ。それは…」と私が左右のバランスが悪いことを指摘しようとしたとき，横を通りかかった同じ3歳児のB児が，「こっちにいっぱい付けすぎじゃ」と倒れた飛行機の左側を指して言った。「こっちにいっぱいブロックが付いてるから，重くてひっくり返ってしまうんだね」と私が言うと，「あっ，そうか」と，A児は翼の上に付けたブロックを取り外して，倒れた飛行機を起こした。そして，翼の部分に新たにブロックを付けていく。

1つ，2つと取り付けたときに，近くで同じように大型ブロックで車をつくっていた3歳児のC児がA児を引っ張っていき，「Aちゃん，こっちから見たらつくれるよ」と飛行機を正面から見ながらつくるように言った。

「ほんとやね，前から見て，こっちもこっちも同じようにくっ付けていったらいいんやね。そしたら，ひっくり返らないよね」と私が言うと，「そうじゃ，そうしたらいけるよ」とC児は言って，車に乗って走っていった。A児は言われたように前から飛行機を見て，色も合わせながら左右に2つずつブロックを付けた。また後方からも見て，左右同じ数のブロックを取り付けた。「これでいける」と言って，ブロックの土台の部分にまたがり，足を滑らせると飛行機はA児の思いどおりに動いた。「よく動くわー」と喜び，A児はC児たちとブロックに乗って遊び始めた。

解説

　11月になると，年長児たちの遊びを真似てブロックや積み木遊びにも挑戦するようになりました。見よう見真似でつくってみるものの，実際に乗って走ろうとすると壊れたり，走らなかったりうまくいかないことも多いようです。3歳児たちは，年長児たちがつくる乗り物や基地のかっこよさには，「うまくいく仕組みや技術」があることに少しずつ気付いているのでしょう。何か，うまくいかないことがあると，その原因を考えて修正する態度が育っていることが頼もしく感じます。この事例も，うまく走らないバランスの悪さを仲間と指摘し合って改善しています。「前から飛行機を見て，色も合わせながら左右に2つずつブロックを付けました。また，後方からも見て，左右同じ数のブロックを取り付けた」という所作は，バランスよくするためには数や形や色が正確に構成されていないといけないという厳密さが感じられます。

[引用文献]

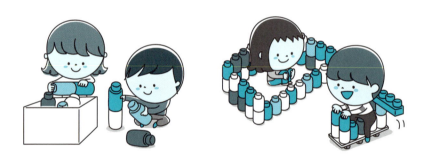

(1) 鳴門教育大学附属幼稚園研究紀要第47集（2013）「せんせい，お外，うおん　うおん　おこっとるよ」佐々木 晃
(2) 鳴門教育大学附属幼稚園研究紀要第47集（2013）「よく動く飛行機」小濱 朋美

環境構成のポイント

　友達と触れ合ったり，一緒に遊べる遊具や場を幼児の興味に合わせながら用意していったり，友達との遊びのイメージを広げたり互いの思いに気付いたりできるように仲立ちをしたりします。

幼児期の終わりまでに育ってほしい姿をどのように指導に生かすか

　本稿で取り上げた3歳児の事例は，(3)協同性，(6)思考力の芽生え，(7)自然との関わり・生命尊重，(8)数量や図形，標識や文字などへの関心・感覚，(9)言葉による伝え合い，(10)豊かな表現と感性についての萌芽時期に当たると思われます。

　幼児期は事象に対する直感的感性的把握と試行錯誤の時代で，**感性を構成する要素である，「気付く・感じる・考える・関わる・行動する」が順に意識化され，次第に高次化され，発展していきます**。つまり，事象に対する感受性（気付く，感じる）や思考性（思う，考える，創造する）が活動性（関わる，行動する）と関係しながら循環的に働き，かつ，その相互作用によってそれぞれの働きがより活発になっていくわけです。3歳児期には，このような感性をゆさぶる遊びを誘発し，幼児との相互作用の中でより豊かな学びを生み出していく環境を構成していくなど，指導方法を工夫することが重要です。

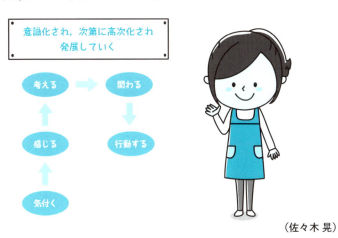

（佐々木 晃）

事例 5

幼児期の終わりまでに育ってほしい姿
(3)協同性　(5)社会生活との関わり　(9)言葉による伝え合い

　3歳児：内容「人間関係」「言葉」

安心して社会と触れ合う基礎となる体験を

―― 事例の概要・計画 ――

　幼児期の社会生活とは，家庭や地域の人々や皆が使う公共施設で働く人々と触れ合うこと，関わる上でのマナーを知ることなどがあると思います。

　子どもの一番身近な社会は家庭です。私たちの園では，家族が子どもの園での姿を知り，成長を感じたり一緒に喜んだりできるように，子どもの園での様子が伝わるような環境設定の工夫をしたり，普段から園内で大人が子どもと関われるような仕組みづくりに力を入れています。

　また，子どもたちに対して，保育者が普段から地域の方と関わっている様子を見せることや，異年齢での活動で公共の施設に出かけて，年長・年中児が地域の方や公共施設の方とコミュニケーションをとっている様子を見ることで，「自分も大きくなったらそのような人たちと関わることができる」という見通しをもつことができるようにするなど，子どもが地域を見て知る・感じることができるように考えています。

―― イメージする「育ってほしい姿」 ――

　まずは，子どもたちが「挨拶ができる」「聞きたいことを聞ける」など，人と安心して関わっていいんだと思えるようになってほしいと思います。その上で，身近な社会の施設や，物事に対して興味をもち，関わりたいと感じられる力や思いを言葉や態度に表してコミュニケーションを図っていく力が育ってほしいと考えています。

> **事例1**
> **お母さんと成長の記録を一緒に見る**
>
> ─── ねらい ───
>
> ○身近な人に自分に起きたことや感じたことを伝えたいと思い，言葉で説明する。
> ○説明したことを分かってもらえる喜びを感じる。
> ○共感したり，興味をもってもらうことで大切にされていることを感じる。

母のお迎えが来たときに，3歳児のKくんがソファーに座り，成長ストーリー（写真入りの成長記録）を見ていた。

「ただいま」と母が声をかけると，Kくんは「おかえり。これ見てたの」と成長ストーリーを差し出した。「これね。自分で見付けたんだよ」「名前読めたんだね」「うん。すごいでしょ」という会話の後，「お母さんも見ていい？」と母が成長ストーリーをKくんに読み聞かせると，そのページの写真を見ながら自分の経験したことを話していた。

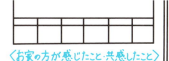

最後のページになったときに，母がはじめのページと見比べ（※1歳からの記録が順に綴ってある）「大きくなったね。こんなに赤ちゃんだったのに」と言うと，「うん。だって大きくなったもん」と答えていた。最後に，「お母さんから先生にお手紙書いていい？」「いいよ。なんて書くの？」「大きくなった姿を教えてくれてありがとうって書くの」「そっか」と会話し，コメント欄に記入してもらって棚に戻した。

解説

　これは、家庭との関わりの一例です。Kくんは、多くの子どもたちの成長ストーリーの中から背表紙に書いてある自分の名前を見付け、探し出せたことが嬉しく、お母さんに共に喜んでほしいと思っていたのだと思います。お母さんに名前が読めたことを認めてもらい、とても嬉しそうでした。このように家族に認めてもらう経験をすることで、他の人へも働きかけをしてみようと思う力が育つのではないかと思っています。

　そして、母から「見ていい？」と自分の経験に興味をもってもらえることで、自分が経験している物事や、さらに自分自身を肯定的に感じることができました。また、その内容を言葉で説明し、自分の体験を理解し共感してもらえることが、次に他の人と関わっていく上での自信になっていきます。

　また、母がKくんに「先生にお手紙書いていい？」と聞いたことで、保育者と保護者の間にも温かい関係性があることを感じ、自分と誰かという1対1の関係だけでなく、たくさんの人同士がつながっている社会について感じたり考えたりしていくのだとと思います。

　子どもが、素敵な経験を重ねてきて、みんなと仲よくできるというイメージをもつと、その安心感をもとに少しずつ外の世界と関わっていこうと挑戦することができます。近所の人に挨拶をしたり、分からないことを聞いたりといった経験を積むことで、一歩ずつ社会との関わりを感じられるようになっていくのではないかと考えています。

環境構成のポイント

　自分たちの成長を綴ったノートがあることを子どもたちに知らせておき、保護者にも、いつでも子どもと一緒に見ていいものであることを伝えます。また、子どもと大人が一緒に見ることができるスペースも確保していきます。

> **事例2**
> **特急と急行ってどっちが早い？**
> ── ねらい ──
> ○園外の人と関わり触れ合う。
> ○年長児が言葉をやり取りして，疑問を解決していく様子を見て憧れたり，やりたいという気持ちをもったりする。

　3・4・5歳児の異年齢児で『しゅっぱつしんこう！』の大型絵本の読み聞かせをした次の日に，年中児が椅子を並べて電車の見立て遊びを始めた。周りにいた年少児も加わり遊ぶ中で，絵本の中に出てきた「特急」「普通」という言葉を思い出したようで，「特急列車ですか？　普通電車ですか？」という子どもの言葉が聞かれる中で，別の子から，「特急と急行と普通。どれが一番早いの？」という疑問が出てきた。保育者が，「どれが一番早いかどうしたら分かるかなぁ」と言うと，「聞いてみればいいよ」との声が上がり，「誰に聞けばいい？」と聞くと，「駅の人」と答えが返ってきた。「K駅が近いよ。すぐそこだよ」という声も上がり，時間も昼すぎで混雑の少ない時間だったため，保育者が「じゃあK駅に行ってみる？」と聞くと「行きたい」との声が上がった。

　2～5歳児で行きたい子どもをつのり，駅で改札にいる駅員さんに「特急と急行と普通，どれが一番早いですか？」と聞き，「特急が早いんだよ」と教えていただいた。「当たったー」「そうだったんだ」などいろいろな感想を口にし，「ありがとうございました」とお礼を伝え帰ってきた。

解説

　園内で異年齢で遊び，他児との関係をつくりながらその遊びに交じっていくことは，相手の想定しているイメージを理解したり，その遊びでの約束事を理解しその約束事に則って遊んでいくことであり，社会の約束事を知ったり守ったりすることの元になっていると思います。

　今回のケースでは，前日に読んだ絵本のイメージから遊びの中で出てきた疑問を実際の社会で聞き，解決していくことで，自分たちが読んでいる絵本が社会のことを知る窓となっていることにも気付いたと思います。

　そして，まだ自分で質問ができない3歳児の子どもたちも，駅まで一緒に行くことを自分で決めて参加することで，自分で直接には質問しなくても，疑問を一緒に解決できたという満足感を味わったり，年長児が質問する様子を見て憧れたり，次の機会には自分もやりたいという気持ちを育んだりすることで，次に社会と関わる際の準備の一歩になったと考えています。

　そういう体験をした子どもたちが，4歳5歳になって自分が質問する側になり，それを年下の3歳の子どもたちが見て学んでいくという循環をしていくことで，大人が無理に何かを言わせようと焚きつけたり，作為的に出来事を行わなくても，子どもが社会は自分たちを温かく迎え入れてくれたり，疑問を解決してくれる人たちがたくさんいるところだと感じ，子どもたち自ら扉を開いて社会と関わっていくことができるのだと思います。

環境構成のポイント

　絵本の電車を実現させようとする子どもたちの遊びができるスペースを確保し，子どもたちから出てきた疑問を聞き取り，解決できる問題として扱い，子どもたちに方法が考えられるような問いかけをしていきます。

幼児期の終わりまでに育ってほしい姿を どのように指導に生かすか

　幼児期の終わりまでに育ってほしい姿は，園児の間に完結するものではなく，年長の後半までに大きく伸びる力だというように理解をしています。そのため，それぞれの姿が年長までに多く見られるために，どのような感情や経験があるとその段階にたどり着けるのかを考えて保育をしています。

　例えば，「(5)社会生活との関わり」などは，3歳児の1年間で獲得することは難しいと思います。**そのようなときには，「今，社会生活につながるどのような経験がしたいだろうか」という視点を大切に保育の活動を考えています。**特に，異年齢での活動では自分ができなくても，お兄さんお姉さんのやっていることを見ることや知ることが次のやりたい気持ちにつながることが多いので，異年齢児との活動を大切にしています。

異年齢児との活動を大切にする

（牧野 彰賢）

事例 6

幼児期の終わりまでに育ってほしい姿
(9)言葉による伝え合い　(2)自立心　(3)協同性

　3歳児：内容「言葉」　

園児の学び合いを大切にしよう

―――― 事例の概要・計画 ――――

　ここで紹介する事例はともに，全体的な計画の中核である教育課程1期及び2期で見られた姿です。それは例えば，園児が「不安を身体全体で表出する」「保育者の周りに集まり保育者の動きを真似る」「保育者と一緒にいる中で居場所が見付かる」「保育者との関わりの中で同じことをやりたい，やってもらいたい」「自分の思いを保育者に言えるようになる」「友達と同じ動作を繰り返すこと自体を楽しむ（模倣）」といった姿です。

　一方ここでの事例には，本園が認定こども園であることに由来する姿も見てとれます。それは認定こども園として特に配慮すべき事項等にある「入園時や移行時について，多様な経験を有する園児の学び合い」という姿，すなわち，2歳児クラスから進級してくる園児と4月から新しく3歳児クラスに仲間入りする新入園児が混在することから生じる姿です。

　本園では全体的な計画をもとにその時期の発達的特質に沿いながら，1人1人の育ち合いを大切にした保育を計画しています。

―――― イメージする「育ってほしい姿」 ――――

　本事例では，「言葉による伝え合い」などをイメージしていますが，これらの「幼児期の終わりまでに育ってほしい姿」が，いきなり5歳児の終わりで育つとは考えません。これらの姿はあくまでも保育者が保育に当たって意識する姿であり，0歳からの育ちの連続性と，教育及び保育が一体となった暮らしの中で，結果的に育っていく姿であると考えます。

> **事例1**
> **分かってもらえることが伝えたいという気持ちの土台に**
> **（3歳児6月）**
>
> ――― **ねらい** ―――
>
> 保育者と一緒にいることや，気持ち・思いを分かってもらえるという安心感から，自ら何かをやろうとしたり，それを言葉で伝えようとしたり，やり取りをお互いに応答させ，それらを楽しもうとする。

　4月の入園当初，新入園児のA児は，毎朝母親との離れ際で泣く様子が続いていた。保育者は，A児の気持ちに寄り添うことを心がけながら関わった。具体的には，

　「Aちゃんは，お母さんと一緒にいたいんだね」
　「お母さんがバイバイすると，悲しくなっちゃうんだね」

というように，A児の気持ちを聴くような言葉をかけるようにしていた。
　するとA児は，そのような言葉かけに「うん」とうなずきながら，気持ちを分かろうとする保育者とのコミュニケーションを次第に好むようになってきた。それはそのころから，A児が保育者のそばにいることが多くなったことからもうかがい知ることができた。
　そして6月も後半になると，A児は2歳から進級してきたB児たちの生活場面での自立の姿を見て真似るようになっていった。保育者が，服を自分で着脱できるようになったB児に「Bちゃん，自分でできるようになって，よかったね」と声をかけると，A児は自分も保育者から声をかけられたいという表情を見せている。子ども同士の場面でもA児は，B児とC児が「Cちゃんもできるんだー」などとやり取りしている姿に興味を示し，「Aも…」と自分で服を脱ごうとする様子であった。
　保育者はそのような姿に，「そうだよね，Aちゃんもだよね」と応答的な関わりを繰り返し，やり取りを楽しむことを心がけていった。

解 説

この事例で確認できたのは，まず，認定こども園として特に配慮すべき事項等にある「入園時や移行時について，多様な経験を有する園児の学び合い」を保育に生かすことの大切さです。新入園児のA児は，進級してきたB児やC児から多くの刺激を得ていました。多くの認定こども園で見られる姿だと思いますが，2歳児クラスから進級してくる園児たちは，園での暮らし方や遊び方が分かっていて，A児のような新入園児はその姿を見て真似ようとします。

そしてさらに感じたのは，育ってほしい姿の1つである「言葉による伝え合い」が，園児とその気持ちを分かろうと

する保育者とのコミュニケーションを土台にして育つということです。そこでは「言葉」を添えつつも，保育者が園児の気持ちにきちんと，そして丁寧に関わることが重要だと感じました。一方，保育者が起点となり，園児同士の関わりも触発されます。そこでもやはり重要なのは，「言葉による伝え合い」の土台となる，気持ちと気持ちの情動的なやり取りです。

このような姿は，進級児との関わりに見られた「協同性」の芽生えや，今まさにその育ちが見え始めた「自立心」等と相まって，園生活全体の中での園児の育ちに関わっていく姿だと感じました。

環境構成のポイント

まず新入園児が，門から自分の保育室まで分かりやすく，そして楽しく歩けるよう，白線で線路を描き，途中に動物の看板の駅を用意しました。さらに保育者が新入園児とゆったり関われるよう，進級児が満足して遊べるよう遊び環境に配慮します。

> **事例2**
> **園児同士の関わりの中に伝え合うことの必然性が生まれる**
> **（3歳児5月）**
>
> ― ねらい ―
>
> 保育者と一緒にいる安心感を土台に，園の環境に積極的に関わり，そこで様々な園児同士の関わりをもつようになる。そこで保育者の助けを借りながら，徐々に「自分の思い・気持ち」を伝えられるようになる。

　本園にはヤギなどの動物がいて，その世話は5歳児・年長組が行うが，新入園の3歳児クラスでも登園する楽しみとなるよう，「野菜のごはんをもってくると，動物たちも喜ぶし仲よしになれるよ」と，子どもたちや保護者にも動物の世話を勧めている。

　園庭が心地よい5月，入園当初からヤギのために野菜をもってくるD児は，小屋の前でキャベツの入った袋をもったまま，不機嫌な表情をしている。D児たち新入園児は，友達と遊ぶというより担任の保育者と一緒であったり1人でいたりなど，このころはまだまだ自分の世界を中心に，園生活に慣れるのに精一杯という感じである。

　ところが，2歳児クラスから進級してきたE児たちは，園での遊び方や暮らし方にも慣れていて，新しく入園したD児たちにも関心があり，関わろうとする。D児が不機嫌だったのは，E児たちがD児のもってきたキャベツをヤギに与えたがっていたからであった。E児たちが「ちょうだい，ちょうだい」と自分の気持ちを言葉で表現するのに対して，D児はキャベツの入った袋を必死で押さえるだけであった。

　保育者はその様子を見守りながら，D児がキャベツを減らしたくないと思っていることに気付き，「Dちゃんは，キャベツがなくなっちゃうのが嫌なんだよね」と声をかけた。するとD児も「そうなんだ」という表情をし，「嫌なんだ」と言葉を添えることができた。

解説

　この事例でもやはり，まず認定こども園として特に配慮すべき事項等にある「入園時や移行時について，多様な経験を有する園児の学び合い」を保育に生かすことの大切さを感じました。

　一方でこの多様な保育経験等の違いは，保育を行う上で障壁になるとも考えられています。しかし，事例2で見られたある意味での育ちのギャップは，園児の育ち合いの契機となります。実際に2歳児クラスからの進級児であるE児たちは，遊び方や暮らし方に慣れていて，新しく入園したD児たちにも関わろうとします。しかし，そこでのD児は，園に慣れるのに精一杯で「言葉による伝え合い」どころではありません。しかし，家からもってきたヤギのためのキャベツを減らしたくないという気持ちは，なんとかしてE児たちに伝えなければなりません。

　このような生活の中での関わり，とりわけ気持ちや思いを伝えなくてはならないような場面は，人と関わる力の育ちにとって絶好の好機です。これはまた，上で述べた「言葉による伝え合い」はもちろん，育ちと共にたくさんの仲間と何かを一緒につくり出す際の「協同性」や「道徳性・規範意識の芽生え」等の基礎になるに違いありません。

環境構成のポイント

新入園児の家に帰りたくなる気持ちが紛れるよう，5歳児年長組が飼っているヤギを年少組の保育室前に連れてきて，キャベツなどのえさをやれるようにします。そこでの子ども同士の関わりを見守るようにします。

幼児期の終わりまでに育ってほしい姿をどのように指導に生かすか

　「イメージする『育ってほしい姿』」で述べましたが，この姿は幼児期の終わりごろに突然現れるものではありません。**例えば「育ってほしい姿」の１つである「言葉による伝え合い」も，０歳からの育ちの過程で得た愛着関係や応答的関係が土台となり育ちます。**さらに，その土台の上に園児とその気持ちを分かろうとする保育者とのコミュニケーションが積み上げられ，そこで育まれた，気持ちや思いを伝えたいという動機付けが保育者の言葉や絵本や物語などとの出合いにより，豊かな感性や表現，そして言葉に育っていくのでしょう。当然のことですが，これら「育ってほしい姿」は幼児期の終わりまでに育てたい到達目標ではありません。保育者はこれらの姿を意識し，時にはこれらの姿で自分たちの保育を意味付けたりしながら，保育を楽しみたいものです。

（中山　昌樹）

事例 7

幼児期の終わりまでに育ってほしい姿
(2)自立心　(6)思考力の芽生え

4歳児：内容「環境」

気付きを大切にし，自信をもって粘り強くやってみよう

事例の概要・計画

　幼児は，好奇心旺盛であり，新しく未知なものに出会うと，すぐ動き出し関わり始めます。中でも4歳児は，何でも知りたい試したいという思いが強く，追究を始める時期です。そんな4歳児を見ていると，「どうして？」「次はこうしてみよう」とつぶやきながら，もっと面白くしようと自分なりに考えたり試したりして様々な発見をしています。そして時間がかかっても最後までやり遂げることで自信となり，「もっとやってみたい」という意欲が生まれています。このように，考え試して達成感を味わう過程で，思考力が芽生え，自立心が育っていきます。

　そこで，このような「繰り返し考え，試す」観点から，石けん遊びと砂遊びを取り上げます。石けん遊びの「水や石けんの量によって様々な泡になり，自分のイメージに向けて考えながら繰り返しつくることができるよさ」や，樋つなぎ遊びの「何度崩れても組み立て直して工夫することができるよさ」は，失敗を恐れずに繰り返し考え，試す姿につながっていくと考えます。

イメージする「育ってほしい姿」

　4歳児は，興味をもち好奇心を抱いたものには繰り返し関わり，もっと面白くしたいと考えたり試したりしながら自分らしさを発揮して遊ぶようになる時期です。その中で，1人1人の関わり方や「こうしたい」という思いは様々です。また一方で，友達のしていることに関心をもち，同じことを一緒に楽しみたいという気持ちが生まれ，友達との関わりが活発になる時期です。

　そこで育ってほしい姿を，「様々なものや人に関わり，自分なりに気付いたり考えたりしながら，自信をもって粘り強くやってみる子ども」としました。

> **事例1**
> ## 落ちない泡づくり（4歳児7月）
> ― ねらい ―
> ○身近なものに興味をもって関わる。
> ○自分のやりたいことに向けて，いろいろなことに気付いたり考えたりしながら，繰り返しやってみる楽しさを味わう。

　5歳児にボウルをひっくり返しても落ちない泡を見せてもらったことをきっかけに，4歳児でも落ちない泡づくりが始まる。その様子をA児はじっと見ている。「どうしたの？」と教師が聞くと，後ろから教師の肩に寄りかかり，「ひっくり返しても落ちんやつ」とつぶやく。「Aちゃんも，やってみる？」と教師が聞くと笑顔になってうなずく。「落ちない泡つくったことある？」と聞くと，首を横に振る。そこで，泡をつくっている子どもたちに「Aちゃん，落ちない泡のつくり方知らないんだって。どうやってつくったらいいのかなぁ」と言うと，B児が「このボールを使うんよ。こっちに来て」と水道にA児を連れていき，つくり方を丁寧に教える。

　その後，A児もボールを持って水道に行き，B児に教えてもらった通りに水道をほんの少しひねり，2～3滴の水のしずくをボールに入れる。しばらく黙々と水を入れたり，石けんを削ってかき混ぜたりを繰り返す。そのうちにA児のボールにきめ細やかな泡ができていた。「わぁ。きれいな泡～！」と教師が驚くと，A児は笑顔になり「ひっくり返しても落ちん」と言ってボールをひっくり返して見せる。「本当だ！ぴったりくっついて落ちないね！」と教師が言うと，「すごい！どうやったの？」とC児が聞いてくる。A児は照れたように笑い，「水はちょっとで，ずっと混ぜるだけだよ」と小さな声で言う。「そうか。水はちょっとで，ずっと混ぜると落ちない泡ができるんだね」と教師が言うと，「僕もやってみる！」とC児。その後も，C児と一緒にA児の泡づくりは続いていった。

「泡，落ちないよ！」

解 説

【「自立心」の観点から】

　教師は，引っ込み思案なA児が友達の泡づくりをじっと見ている姿から，「やってみたいな」と思いながらも躊躇している気持ちを感じ取りました。教師が泡づくりに挑戦するきっかけをつくったことで，A児は落ちない泡ができるまで諦めずに泡立て続けています。この姿から，A児にとって泡づくりが単に興味あることを超えて，自分の力でやり遂げたいことに変化していったのではないかと考えられます。また，諦めずにやり遂げて達成感を味わったことが自信となり，友達につくり方を教える姿が見られました。

　このように，教師が子どもの表情や言動から子どもが何を感じているのかを見取り，受け止めながら実際に試すきっかけをつくることは，子どもが考えたり工夫したりしながら，最後までやり遂げて達成感を感じ，自信を深めることにつながっていくと考えます。

【「思考力の芽生え」の観点から】

　「水はちょっとで，ずっと混ぜとるだけよ」というA児の言葉からは，A児が繰り返し試す中で，水の量と混ぜ具合によって落ちない泡ができることに気付いていたことが分かります。

　子どもは遊びの中で様々なものと関わり，考えたり，試したりしながら，素材のもつ多様性に出合い，その物の性質や仕組みについての新たな発見がもたらされます。このような子どもの発見や気付きを教師が言葉に表すことで，子どもが気付きを意識していくようにすることが大切です。このことで，子どもは分かる喜びを実感し，自ら考えようもっと試してみようとする意欲が育まれていくと考えます。

環境構成のポイント

1人1人の興味・関心や思いを受け止めながら，実際に試すきっかけづくりをしたり，繰り返し取り組めるように用具や素材を用意し，諦めずに取り組めるように寄り添ったりしていきます。

> **事例2**
> **温泉プールまで水を流したい（4歳児7月）**
> **ねらい**
> ○自分なりにやり方を考えて，自分のしたい遊びを繰り返しやってみようとする。
> ○身近な自然物や道具に関心をもち，それを生かして遊ぶ。

　砂場の奥で，「ここを，温泉プールにしようよ」と言いながら，数人の子どもたちがスコップで穴を掘っている。バケツで水を入れているが，なかなか水がたまらない。そんなとき，樋をつないで水を流していたD児が「樋をこっちに曲げて，あそこ（温泉）に水が入るようにしたい」と言い始める。E児が垂直に樋を置くと，樋の両側から水が流れ出て，うまくプール側に流れない。すると，D児が「これよこれ！」と言いながら，バケツを持ってくる。ひっくり返して高低差をつけると，水がゆっくりとプール側に流れ始める。しかし，勢いよく流れてくる水はどうしても反対側にも飛び出してしまう。今度は，F児が一番短い10cmの樋を樋の端に立てかける。すると，飛び出そうとした水が立てかけた樋に跳ね返り，全ての水がプール側に流れるようになった。「みてみて，Fちゃんが，ここにちっちゃい樋を立てたら，水が飛び出さなくなったんよ〜」と教師が近くにいた友達に見せると，「本当だ。Fちゃん，すごいね」とD児が言う。それを聞いて照れたようにF児も笑顔になる。プールまで樋がつながると，D児が「考えて考えてずっと考えてやってたから，ここまでつながったんよ。すごいじゃろ！」と得意げに言う。「さすが，D君。あきらめずにいっぱい考えながらプールまでつなげたんじゃね。みんなも喜んでるね」と教師が言うと嬉しそうな笑顔になった。

「温泉プールにつなげたい」

「水がたまってきたね」

解説

【「自立心」の観点から】

　樋つなぎでは，温泉プールまで樋をつなげて水を流そうとして，試行錯誤を繰り返し，何度樋が崩れても，水がうまく流れなくても，あきらめずに1時間近く砂場で遊び続けました。このとき，温泉プールまでつなげて水を流したいという自分なりの思いの実現に向けて，十分に時間を保障したことが，子どもたちの繰り返し考え試す姿につながりました。

　また教師は，D児やF児の樋つなぎの工夫を認める声かけをし，その工夫やよさを周りの友達にも

「水を流すよ〜」

紹介しました。そのことで，D児もF児も笑顔になっています。さらにD児は，教師や友達に認められたことで自信となり，次の日も友達と協力しながら，繰り返し樋をつなぎ続ける姿が見られました。友達を意識し始める4歳児期には，教師から認められることに加え，身近な友達に認められることが自信となり，さらに次もやってみようという意欲につながっていくと考えます。

【「思考力の芽生え」の観点から】

　樋つなぎがうまくいかず，水が逆流してA児が困っていたときには，「なんで流れんのかな？」と教師も共に考えながら見比べたり気付きを引き出したりしていきました。そうすることで，集中が途切れることなく，水や樋の性質や仕組みに気付きながら思いを達成することができたと考えます。このように，出てきた課題について教師が共に考える存在になることや，樋は高低差によって水の流れが逆になるなど，子どもにも仕組みの分かりやすい道具を用意することが，子どもたちの考えながら試す姿につながっていくと考えます。

> **環境構成のポイント**
>
> 　子どもが興味をもったことに，とことん遊び込めるよう環境構成を工夫します。繰り返し関わることができる時間を保障し，出てきた課題を共に考えながら，樋つなぎの工夫を認め，その工夫やよさを周りの友達も紹介し認め合えるようにします。

幼児期の終わりまでに育ってほしい姿をどのように指導に生かすか

　本稿では、(2)自立心、(6)思考力の芽生えに関連する4歳児の事例を取り上げました。

　4歳を過ぎると「なんで」「どうして」などの質問が増え、身の回りの様々な出来事に好奇心を感じ、考えながら探究する姿が見られるようになります。とはいえ、4歳児は科学的に正しい理解をすぐにできるわけではありません。「なぜだろう、こうなのかな、こうしてみよう、きっとこうだ」と考える過程が大事なのです。このような過程で幼児なりの「思考力の芽生え」は育まれます。そして、考え悩んだけれど、あきらめずにやり遂げて達成感を味わったとき、自信が深まります。その自信が、次に「もっとこんなことをしたい」「こんな自分になりたい」と新しいことに挑戦していくエネルギーになっていきます。この自信をもって行動するようになる姿は、まさに「自立心」の育ちです。

　そのため、教師は子どもと一緒に「なんでかなあ」と考えながら新しい考えを生み出す楽しさを味わえるようにすることや、子どもの工夫を認め、周りの友達とも認め合えるようにし、達成感を自信につなげていくことが大切です。

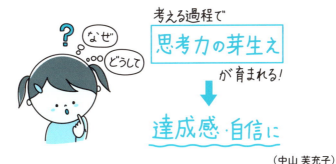

（中山 芙充子）

事例 8

幼児期の終わりまでに育ってほしい姿
(5)社会生活との関わり　(6)思考力の芽生え　(7)自然との関わり・生命尊重

4歳児：内容「環境」

連続した遊びの中で「思考力の芽生え」を培う

事例の概要・計画

「思考力の芽生え」とは，どんなことを指すのでしょう。子どもたちは自らの周囲のあらゆる事象や環境に積極的に関わる中で，様々なことに気付き，考え，予想し，工夫し，試すといった関わりを楽しむようになります。子どもが今もっている（これまで積み重ねてきた）知識や技能があり，それによりすでに知っていることといまだ知らないことの区別が生まれ，知らないことや新たに気付いたことに心動かされます。「これはどうなっているのだろう」「どうやれば上手くいくのだろう」と頭を働かせ試行錯誤するでしょう。やりたい，知りたいからこそ，少々うまくいかなくてもめげずにやり遂げようとします。思考力とは子どもたちが自分で気付き，悩み，工夫し，試す中で培われていくものです。知らないことの多い子どもたちの世界は，実は思考力の芽生えに満ちた世界だとも言えます。子どもたちが今，何に目を向け心奪われているかに注目することが，思考力の芽生えの芽を見付けるきっかけになるのではないでしょうか。

イメージする「育ってほしい姿」

大人でも思考すること，また，それを試行錯誤しながらも考え抜くということは難しいことです。子どもたちは気付きにあふれた毎日の中で，「こうじゃないかな？」「きっとこうすればいいんだ」ということはよく頭に浮かぶと思います。それを言葉に出したり，実際にやってみたりしてほしいと思います。そのためにも保育者が一緒にやったり，じっくり見守ったり，困っているときに別な道を示してあげることができると，子どもたちは自分たちでやりきれた達成感があるのです。自分の考えが形になったり，思った通りになったり，みんなと共有できたりすることを楽しい・うれしいと思える子どもに育ってほしいものです。

> **事例1**
> ## トンボのお墓（年長，年中，年少）
> ### ねらい
> 　生き物との関わりは飼育している場合を除いては，生か死を発見することがきっかけになる。生を探すことがあっても，死は偶然出会うことが多い。トンボの死を通して子どもたちが生き物や死に対して何か気付き，感じ，思ったことを少しでも行動できるようにする。

　ある朝，テラスにオニヤンマが落ちていた。まばらに登園していた子どもたちにトンボを拾って見せてみた。動かなくなったトンボを子どもたちはジーッとよく見ていた。恐る恐る手を伸ばし優しく触れたりしていた。触っても動かず，羽をばたつかせることも逃げることもしないトンボをジーッと見つめていた。かわいそうだからお墓をつくってあげようと，そこにいた子どもたちと話をした。園庭に出た子どもたちがどこをお墓にするかと見ていると，よく使う三角鉄棒の下に決めていた。園庭の脇がいいのではないかと言ってみたが，その決定は変わらなかった。まず，スコップを年長の男の子がもってきて掘り始めた。どの程度の穴がいいのか，深さはどのくらいかを，トンボの大きさに合わせて掘っていき，穴が掘れるとトンボを置き，掘った土を被せていく。その様子を年中の女の子たちはじっと見つめていた。土を被せ終えると，少し他よりは高くなっている以外は区別が付かない状態で，このままだとみんなに踏まれてしまうことが話題となった。「どうしたらいい？」と問いかけると，「何か置いたらいい」と年長さんが言い，「お花とか？」と控え目ながら年中の女の子が意見を出した。お花とか飾りを置いたらお墓って分かるんじゃないか，そうすれば気付いて踏まれないだろうと考えたようだ。花を探しに行って花の命についても考えたのか，年中の女の子たちはつぼみや咲いたばかりの花ではなく，少ししおれた花を摘んできた。一方，年少の女の子たちは手当たり次第花を摘んできて飾りとして置いていた。ここが誰のお墓なのか分かるように，白い段ボールで三角柱の看板をつくって「とんぼのおはか」と年長の男の子が書いてくれた。字に興味をもっている年中の女の子たちはその様子を見て，置かれた看板を読み上げるかのように「ここは，とんぼのおはかなんだよ」と次々登園してくる他の子どもたちに話しかけていた。

解説

　生きていることと死んでいることの違いについて，子どもたちはどのように感じているのでしょう。大人が思うよりも区別はしっかりしておらず，つながりのあるものとして捉えている気がします。じっと見て近寄っても動かない。そっと触っても動かない。そんなトンボに興味を示しつつ，動かないということ，それが死んでいるからだということを感じてかわいそうだと思いを寄せています。神妙な顔つきや丁寧に触ろうとする手つき，ジッとは見るけれど触らないでいる子どもがいたことからも，死んでいることへの配慮をしていることがうかがえます。

　さらに，お墓がどういったものであるかを自分のイメージと照らして花を手向けて飾ることも，これまでの園で飼っていた動物への弔いを覚えていた部分もあるでしょうし，お墓参りをしたときの記憶があるのかもしれません。過去に経験したことがあること，見たり聞いたりしたことがあることから，お墓をどのようにつくるのかを考えていました。登園してくる親子にお墓だと伝えている様子は，土の下に埋められたトンボが踏まれないようにという配慮でもあり，自分たちでお墓をつくったことの達成感からでもあったようです。

環境構成のポイント

　死んだトンボの発見は意図したものではありませんが，子どもたちの目に触れられるようにすることで，じっくりと観察したり，死を通して生き物の命を考えたりできると考えました。自然とお墓づくりになったことで，子どもの小さい命への意識がさらに高められていきました。

> **事例2**
> **焦げちゃいますよ（年中）**
>
> ― **ねらい** ―
>
> 夏まつりごっこを通して，自分たちのイメージする出店の役になりきる。お店で必要な言葉や動きをやりとりする中で，自分たちなりに考えてやってみようとする。さらに，それを楽しんで続けることができる。

　7月後半，1週間かけて準備をした夏祭りごっこをしている。年中の子どもたちは，園の夏祭りである夕涼み会で保護者の方が出店してくださるフランクフルトと焼き鳥のお店を出すことになった。フランクフルトは割り箸に新聞紙を巻き，その上にオレンジ色の画用紙を巻き付けてできあがり。焼き鳥は俵型の緩衝材を竹串に3つ4つ刺して，仕上げにタレを塗るかのように焦げ茶色の絵の具で仕上げてあり，どちらも十分な数をつくっていた。注文があったら焼けていそうなものを透明の容器に移し，輪ゴムでとめて袋に入れ，チケットを受け取るという流れができていた。

　準備の段階で何度か売り買いを楽しむ中で，ある程度の流れはつかめていた。開店準備の際に，焼き台の前に立つ年中さんに「焦げちゃいますよ」と言ってみると，少し間があった後，クルクルと1つ1つのフランクフルトを回し始めた。隣りの焼き鳥を焼いている子どもたちの前でも同じように「焦げちゃいますよ」と言うと，同様に間を開けた後クルクルと竹串を回していった。その後も定期的にクルクル回す姿が見られ，焦げないように焼くことも楽しんでいた。

解説

　「さぁ準備万端」と思っていたであろう年中の子どもたちは,「焦げちゃいますよ」という思いがけない言葉により,ちょっと戸惑った様子でした。「焦げる」と聞いて,自分たちが今,火のついた焼き台の前にいて,同じ面だけ焼いていると焦げるということに気付いて,全ての串をクルクルと回し始めました。少し間があったときに頭の中で考えたことが行動となって現れたのでしょう。日常の生活の中でも,お家で料理をしている様子を見聞きしているでしょうし,手伝っているかもしれません。バーベキューや焼き肉のときにお肉をひっくり返したりしていることなどを通して,焼くことで食べられるようになるし,焼きすぎると焦げてしまうことを知っているのでしょう。

　とっさの一言から,瞬時に考え行動して,さらにそのことで焼いていることがより本物っぽく感じられたようで,その後もいきいきと焼きながら売ることを楽しんでいました。お店を真似することが楽しい一方で,イメージが広がりきらないところもあるためパターン化しやすい部分がありましたが,焦げないように焼くという行程が加わることで,焼くことに臨場感が出てきて,焼いている実感が湧いてきたようでした。

　夏祭りごっこの後の遊びにも展開していきました。ごっこ遊びの中でバーベキューの設定がよく出てきました。泥でつくったお肉に細い枝をさして網の上に置いて,すぐにはひっくり返すことができないので,しばらく乾燥させてからひっくり返して焼いていました。秋には,落ち葉を使って網にのせきらないほどお肉を並べて,焦げないように何度もひっくり返して焼けるのを楽しんでいました。

環境構成のポイント

　できるだけ祭りの出店の雰囲気を出そうと,売り手ははっぴを着て,焼き台には炭を敷いた小さなU字溝と網を置き,その上につくったものを並べるようにしました。さらに,その場に立つと自然とお店の人になりきることができるような配慮もしました。

幼児期の終わりまでに育ってほしい姿をどのように指導に生かすか

　幼児期の終わりまでに育ってほしい姿が到達目標とならないようにすることは，当然注意する必要があります。5領域のねらいを踏まえた遊びを通した指導をすることで，3つの資質・能力の柱が育っていき，その中で具体的な姿として現れてくるのが10の姿です。例えば，思考力の芽生えを培うために「今日は○○について考えましょう」と言って活動をするのではなく，1つの活動や遊びがいくつもの姿につながっていて，その中で子どもたちが様々なことに気付き，工夫したり試したり，自分でやってみることができる環境をつくることが重要になります。さらに，子どもたちの育ちを語り振り返るときに，保育者によって子どもの育ちの捉え方に偏りが出てきますが，**10の姿を意識することで，指導の偏りや足りなかった援助などが見えてきます**。幼児期の終わりまでに育ってほしい姿とは，子どもの育ちの方向性を示すものであり，また，保育者が指導を振り返る上での羅針盤でもあるのかもしれません。

（輿水 基）

事例 9

幼児期の終わりまでに育ってほしい姿
(1)健康な心と体　(4)道徳性・規範意識の芽生え　(6)思考力の芽生え

4歳児：内容「健康」

やりたいことに向かって繰り返し取り組む

事例の概要・計画

　幼児期は，身体が著しく発育するとともに，運動機能が急速に発達する時期です。だからと言って，運動機能を高めるための訓練や練習をすることは適切ではありません。

　日常の遊びや活動を通して，幼児自ら「やってみたい」と心を動かし，自分から体を動かし挑戦したり，「今度はこうしてみよう」と自分なりに課題をもって繰り返し取り組んだりする中で，「体を動かすことって楽しい」と感じ，運動機能や能力も育まれていくのだと考えます。

　今回の改訂で示された10の姿の「健康な心と体」には，「充実感」「自分のやりたいこと」「心と体を十分に働かせる」「見通しをもつ」「自ら健康で安全な生活をつくり出す」等のキーワードがあります。環境を工夫することを通して，自分のやりたいことを明確にもつ，物や人と関わりながら繰り返し取り組んだり，自分なりに考え挑戦したりする，ルールや決まり，安全を意識する等の姿を助長し，充実感が味わえるようにしていきます。

イメージする「育ってほしい姿」

　日々の生活や遊びの中で，物や人と出合ったとき，「面白そう」「やってみたい」「関わってみよう」とまず興味をもち，行動を起こし，その中で自分なりに考えたり，工夫したり，繰り返したりしながら多様な動きを経験し，体を動かす楽しさを味わい，「またやってみよう」と次への意欲につながっていく姿を目指します。

> **事例1**
> **今日はどんなのつくろうかな（4歳児10月）**
>
> **ねらい**
>
> ○自分のしたい遊びにじっくり取り組んだり，友達と関わって遊ぶことを楽しんだりする。
> ○巧技台での遊びの中で，組み方を考えたり，自分なりに挑戦したり，繰り返し楽しんだりする。

　4月の入園当初より，自ら選んでする遊びの1つとして，巧技台を使った遊びを繰り返し楽しんできた。当初は，安心して取り組めるように高さを低くし，一本橋やはしごを渡れた喜びを味わわせたり，組み方を変えていろいろな動きを楽しんだりできるようにしてきた。9月以降，自分たちでも組み方を考えながら繰り返し遊んできたA児とB児は，登園後すぐに「今日はちょっと高いのつくろう」と言って巧技台を組み始めた。教師も2人の思いを受け止め，安全に配慮しながら一緒に組んでいった。A児は自分で渡りながら，「ちょっとここ怖いからつかまってもいいことにしよう」と言う。B児も「いいよ。そうだね」と答え，自分もつかまって渡っていった。魅力的な場ができると，傍で遊んでいた他の幼児たちが「入れて」と参加してきた。A児は「いいよ。ここが入り口ね」と言い，「みんなも呼んでこよう」と周りの幼児たちにも声をかけ，自分も繰り返し挑戦しながら，「ここ，難しいよ。つかまってもいいんだよ」と声をかけていた。

　次の日，A児たちは「今日は昨日と違うの。いろんな所に行けるんだよ」と言いながら違う組み方をし，様々な渡り方を考えながら繰り返し楽しんでいた。

解説

　巧技台という遊具は，自分たちで組み立てられ，高さを調節したり，組み合わせ方を変えたりすることで，様々な動きを導き出すことができます。本園では，4歳児には中型の巧技台を使用し，入園当初より繰り返し遊び込むことで，体を動かす心地よさや自ら体を動かそうとする意欲を高めるだけでなく，順番を守る，協力して組み立てたり片付けたりする，安全に気を付けるなどの経験も積み重ねてきています。

　この事例では，自分たちでイメージしたものをつくろうという意欲や，「今日は高いのをつくってみよう」「今日は，昨日とは違うものをつくろう」というめあてをもって取り組み始めています。いろいろな組み方ができること，組み方を変えるとまた違った動きができることも分かり，考えながら構成しています。まずは自分のやりたいことを明確にもち，自分から行動することが大切であると考えます。

　次にこの遊びの中では，一本橋を渡る，はしごを渡る，滑り台を滑るなどの動きの経験をしています。渡り方もそれぞれが自分のできる方法を考え，まっすぐ渡る，横向きに渡る，両手をついて渡るなど，1回ごとに動きを変えて繰り返し楽しんでいます。高さを変えることで挑戦意欲も出てきています。

　「このくらいの高さなら手を離しても渡れるかも」「自分はまだ自信がないから，こうして渡ってみよう」など，自分なりに安全も意識して行動しています。心と体を十分に働かせ，繰り返し取り組む中で体を動かす楽しさを味わったり，多様な動きを身に付けたりしています。また，順番を待つ，並ぶ，友達と協力して組んだり，片付けたりするなど，集団生活に必要なきまりも遊びの中で学んでいます。

環境構成のポイント

　巧技台での遊びでは，持ち方や組み方，片付けるときの安全面への配慮等と動きや動線に対する配慮が必要です。また，1人1人がいろいろな動き方を考えたり，挑戦したりしている姿を捉え，言葉に出して認めていくことが大切です。

> **事例2**
> **サイコロ色鬼をやろう（4歳児3月）**
> ─── ねらい ───
> ○友達と関わりながら自分たちで遊びを進めていく楽しさを感じる。
> ○ルールが分かり，友達と一緒にサイコロ色鬼を楽しむ。

　本園では，3月の年長組とのお別れ遠足のときに「サイコロ色鬼」を行っている。年少，年長を問わず，カラー帽子を被れば誰でも参加でき，ルールは簡単だが，瞬時に鬼か逃げるかを自分で見極め動くというスリル感や，みんなで唱和する楽しさが味わえるからである。今年も一斉活動でルールを説明し，学級のみんなで繰り返し楽しんだ後，自ら選んで遊びをする時間にいつでもできるように，サイコロとカラー帽子を園庭に置いておいた。C児は，鬼ごっこが大好きである。今日も「サイコロやる人」と学級のみんなに声をかけ，率先して始めようとした。10人位が集まると，「これだけいれば大丈夫」と言って自分は水色の帽子を被る。「入れて」と後から来たD児が水色の帽子を被ろうとすると，「もうだめだよ。少ないとこ選んで」と言い，周りを見渡し，「ピンクかな」と言う。はじめのサイコロをC児が振ろうとすると，E児が「だめだよ。ジャンケンだよ」と言うと，「あ，そうだった」と答え，ジャンケンをする。F児が勝ち，みんなで唱和しながらサイコロを振り，鬼ごっこが始まった。C児は，捕まらないように茂みに隠れたり，様子を見ながら逃げたり，思いっきり走ったり捕まえたり，繰り返し鬼ごっこを楽しんでいた。

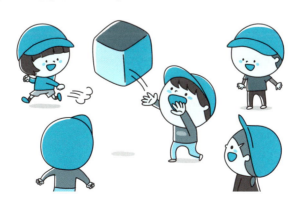

解説

　近年，子どもを取り巻く環境の変化から体を動かす経験が不足がちとなり，集団で遊ぶ「鬼遊び」は，子どもたちにとって貴重な体験となっています。しかし，「鬼遊び」と一言で言ってもいろいろな遊び方があり，経験できる内容も様々です。

　今回の「サイコロ色鬼」は，サイコロとカラー帽子という物の存在が大きな意味をもっています。また，帽子を被れば誰でも参加できる，サイコロの出た色で鬼が決まる，鬼になったら捕まえる，鬼にならなかったら逃げるという簡単なルールを守れば何回でも繰り返し楽しめます。繰り返し行う中では，鬼になるかならないかのスリル感，瞬時に判断して動く判断力，瞬時に動く瞬発力，思い切り走る走力，鬼から逃げる面白さ，逃げ切った満足感，捕まえた満足感，はじめにみんなで唱和する楽しさ，繰り返しできる面白さ等々，育ちを促す遊びの要素が多様にあります。

　C児は，みんなで遊ぶ楽しさや体を動かして遊ぶ面白さを知っています。また，鬼遊びをするには人数が必要であること，バランスよく人数を配置したほうが面白いこと，ルールは守らないと楽しくないこと，自分勝手に決めてはいけないことも分かっています。様々な鬼遊びを繰り返し経験してきたからこそ育ってきた姿だと言えます。

　自分たちで遊びを進める楽しさを味わうためには，一斉活動を通して遊び方やルールを知らせ，共通理解をしておくことや，みんなでやって楽しかったという経験を積み重ねておくことが大切です。また，一斉活動が自分たちの遊びに生かせるようにするためには，遊びに使う物や場，時間や動線などを十分に考慮し，計画的に取り入れておくことが重要です。

環境構成のポイント

　繰り返し鬼遊びを楽しむためには，遊びに使う物を見えるところに置いておくことや，遊びの始まりと終わりが分かるような流れや場所を決めておく等の見える化を図ることが大切です。また，繰り返し遊べる時間を確保することも大切になります。

幼児期の終わりまでに育ってほしい姿をどのように指導に生かすか

今回の事例では，(1)健康な心と体を中心に述べましたが，(2)自立心，(3)協同性，(4)道徳性・規範意識の芽生え，(6)思考力の芽生え，(8)数量や図形，標識や文字などへの関心・感覚，(9)言葉による伝え合い等にも関連し，4歳児なりの姿として総合的に絡み合っています。

4歳児の時期には，思わず「やってみたい」と自分から動き出せる環境づくりをすること，自分なりのやり方で繰り返し試せる時間や場を確保すること，多様な動きを引き出す遊びや活動を計画的に取り入れていくこと，「楽しかった」「できた」という満足感が味わえるようにすること等が大切です。その際，**多様な動きの体験ばかりに視点を当てるのではなく，幼児の実態を把握し，総合的に経験が積み重なっていくことができるような遊びの充実こそが重要となります。**

4歳児の指導で大切なこと
1. 自分から動き出せる環境構成をする
2. 自分なりの方法で繰り返し試せる時間や場を確保する
3. 多様な動きを引き出す活動を計画する
4. 満足感を味わえるようにする

（田代 恵美子）

事例 10

幼児期の終わりまでに育ってほしい姿
(6)思考力の芽生え　(7)自然との関わり・生命尊重　(8)数量や図形，標識や文字などへの関心・感覚

5歳児：内容「環境」

何個食べたのかな？　数えてみよう
～自然を取り込んだ遊びの中で，思い巡らせて～

―――― 事例の概要・計画 ――――

　日本の風土には，四季があり，この四季の移ろいに合わせた遊びが，子どもたちの育ちを支えています。

　春には，日本を象徴する桜が咲き，花壇には色とりどりの花が咲きほこり，その傍らで小さな昆虫が子どもたちの心を虜にしていきます。夏には，夏野菜の生長に気付き，収穫し食を楽しむ，そして，秋には，秋色に染まった木々から木の実が落ち，葉が舞い落ちと，葉っぱを集め遊びの道具となります。冬は，氷や霜柱，そして雪遊びを楽しみ，やがて，春を迎えます。自然の移ろいが子どもの1年間のカリキュラムをつくり出していきます。

　保育者は，この自然と向き合う子どもたちの活動を即興的に取り上げ，子どもたちの遊びの中にある思いに沿って援助していきます。その際，子どもたちは，数量や図形，標識や文字などに関心をもちはじめ，その機能の役割に気付いていきます。

―――― イメージする「育ってほしい姿」 ――――

■遊びを通して「科学する心」が育ってほしい

　子どもたちは，常に目の前に広がるモノに心を寄せ，遊びが始まります。遊びの中には，人が人として，育ちもつ「資質・能力」につながる力がたくさん詰まっています。遊びを楽しむ中で，数や量，そして図形や標識や文字などを生活の中に取り入れ，他者との関係をより豊かなものとしていけるように育ってほしいと考えます。

> **事例1**
> **みんな，何個食べた！（5歳児6月）**
>
> ───── **ねらい** ─────
>
> ◎果実の生長に関心をもつとともに，自ら色づきに気付き，収穫し味わう喜びを楽しむ。
> ◎自然の恵みに感謝し，収穫する喜びをつなぐ遊びの場を味わう。
>
> 　自ら果実を収穫し，仲間と共に味わう中で，大きさや色の変化に気付き，収穫した果実を数え合ったり，食した種を植えたり，クラスで味わった量を実感したりする姿が見られる。

　園庭には，様々な遊具や遊びの道具がある。中でも草花や果樹も，大切な環境物である。子どもが生き生きと活動的に遊び，時には木陰で体を休め，心地よい風を浴びながら影や日向の仕組みに気付く。こうした自然と振れ合う中で日々の遊びは展開される。自然の移ろいは，ゆっくりとした速さで変化し，子どもの活発さからは，自然を遊びに取り入れていくことは，なかなか難しい。しかし，果実や綺麗な花は，どの子どももすぐに関心を寄せる。ここで事例に挙げた「杏」の収穫を通しての取組は，5歳児の3年間の経験を通して見られる姿の事例である。3月進級を間近に控えた4歳児は，杏の満開に咲く花を横目に，昨年収穫し自ら味わった杏を思い浮かべ，散り始める蕾を集めたり，小さな青い実を拾い集め，期待を高め完熟する時期を待つ姿を捉えることができる。目に留まる大きさになると，口々に「食べる」「食べたい」「皮は酸っぱいよ」などの言葉がささやかれ始め，日ごとに色づき始める果実を木に登ってもぎ取ったり，木に登ることのできない子どもたちは，ボールや箒，フープなどを持ち寄り収穫し味わう。こうした連続する経験を重ねる中で，子どもたちの間から，「何個食べた」と果実を並べたり，食べ終わった種を洗って，乾燥させてクラスで，食べた数を数え合ったりする姿が見られる。1つのこうした経験をすることで，資質・能力に結び付く学びに向かう要素が数多く詰まっていることに気付いたり，仲間関係の絆や思いやる心，そして，数の概念や大小の比較などを体験的に学び続けたりすることができる。こうした自然体験は，経験の度に自己の思いと異なる変化に対して，自己の行為の加減を繰り返し，やがてしなやかな心と体を学び取っていく。

解説

　園にある杏の木に，小さな青い実がつき始めるころに，3歳児が入園してきます。その年は，杏の実を食べるところから生活が始まり味わいを楽しんだり，果実でジャムづくりを経験します。そして，次年度は，杏の花が咲くときから期待をもって，青い実のうちから楽しみ始めます。そして，年長児になると，1人1人が，自分なりに味わいを楽しんでいたことから，仲間と収穫したり，グループで収穫したり，そして，クラスみんなで収穫し，ジャムをつくったりする活動がより活発化していきます。こうした中で，収穫するという行為は，学年が高まるにつれ，次第に遊びの感覚が芽生え，深まっていきます。どうしたら高いところに成っている色づきのよい果実を収穫できるか，あれやこれやと思い巡らせ，ボールを投げたり，フープを引っかけたり，箒の枝をつなぐ遊びの場をつなぎ合わせたりと思考錯誤しています。そして，苦労して収穫した果実の数を数えたり，大きさを比較したり，重さを確かめたりと，遊びながら自然と学び合っている姿が見られました。図1は，年少児に「自由に食べていいよ」という思いで，数個置いておいたところ，H児が指で数え始めると，Y児が，並べ始め，次々と収穫しては並べ，数える姿です。図2は，どうやったら取れるかを試行錯誤しながら，知恵を出し合い，揺さぶって収穫することにたどりついた場面です。

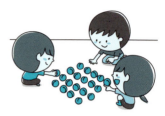

図1　杏を並び始め，数え遊びが始まる

図2　フープを引っかけ枝を揺さぶって収穫しようとする

> **環境構成のポイント**
>
> 　身近な自然物は，子どもの遊びに取り込みやすいモノと，ほとんど気に止まらないモノがあります。数や量を比較したり，図形や標識などを活用することで，大勢の人に思いが伝わるなどの機能に気付けるようにします。

> **事例2**
> **お月様へのご馳走**
> **―思いを込めたお手紙を添えて―（5歳児9月）**
>
> **ねらい**
>
> 「虚構の世界を思い，思い寄せる心や手紙を書き添える遊びを楽しむ」。
> 　毎年十五夜に向けて，お月様へのご馳走としてお団子づくりが始まる。子どもたちは，自分からお月様にご馳走をお供えし，思い思いに手紙を書き始め，お供えの横に添えていく。翌日，早朝子どもたちが登園する前に，教師は，お供えの団子を片付け，「美味しいお団子ありがとう」というメッセージを添えて子どもたちの登園を待つ。

　子どもたちは，毎日虚構と現実の世界を往き来しながら，自分たちで，遊びを創り楽しむ中で，時に社会の慣習行事と自然物とをつなげながら自分たちで，虚構の世界を楽しもうとする。

　十五夜が近付くころ，教師は，事象に合わせた十五夜の絵本を保育室に広げて子どもたちの関心を誘うようにする。自分なりに紙粘土で，お供えの団子をつくり始めると次々に連鎖し，あっという間に大小様々なお団子ができあがる。「いくつできたかな」と数を数え始めたり，積み上げたりしながら，「三角に」と，周囲の仲間に積み上げ方を指示する姿が見られる。ある子は，ごっこ遊びの籠の中から，赤や黄色の布を持ち出し，保育室の入口に椅子を出し，飾り付け，園庭のさつま芋を掘り出し，飾ったりしている。

　飾り付けが終わるころ，B男は，お手紙ごっこの机で，ひたすら手紙を書き始め，「おつきさま，たべてください」とお月様への思いを書いていく様子が見られる。突然J男が，「先生，月は食べないよね」と現実的な話を持ち出し，「どうやって食べるんだよ」と子供同士が怪訝な関係となる。教師は，尽かさず「Jちゃん，食べるか食べないかは，明日のお楽しみ」と言うと，あっさりと「そうだね？」と言い，その場を立ち去る。翌日，朝，お月さまからの御礼の手紙を見て，「やっぱり，食べに来たんだ！」「Jちゃんに言わなきゃ」と伝えに行く様子が見られた。

解　説

　年齢が高まるにつれ，虚構の世界から現実への世界で遊ぶ機会が多くなり，子どもの遊びも論理的な遊びに好奇心をもつようになり，考え工夫するようになってきます。5歳児になると，様々な力が発揮できるようになるため，自分でできることを，自分から進んでしてみようと試みる姿が見られます。ここでは，手紙を書くという行為を特定の人に伝えるための手段として理解し，書きしたためるようになっています。そして，お団子の積み方も，「三角」という言葉で表現し，その概念を視覚的に捉えられるようになってきます。教師の「お月見」の本をきっかけに，子どもたちは，それぞれ自分なりの考えで，お団子をつくったり，クロスを用意したり，園庭にある秋の野菜を収穫し飾る場所を決めたりと，特に役割をもつわけでもなく，互いをつなぎ1つの形を生み出していきます。そして，お月様という「様」という言葉を擬人化し，相手にご馳走をするという，やさしい思いを抱かせ，お手紙を書きしたためる心の優しさをつなぐ遊びの場を育てるのです。この活動は，心の優しさや，文字や図形に触れるといった，様々な特質を捉えることができます。クラスの中に，いつでも文字に親しめる『お手紙ごっこ』のコーナーを常設しておくと，自然と文字に関心をもち，その機能を理解すると，「手紙」を書く意欲が生まれてきます。

お月様へのご馳走飾り

お月様へのメッセージ

絵本を見ながら飾ったお供え

環境構成のポイント

　9月に入り，十五夜のお月見の日が近付くころに，絵本や図鑑・紙芝居などの教材を通して話し合い，月への関心を高め暗い夜を照らしてくれる感謝の気持ちをもってお団子づくりを楽しめるようにします。そして，十五夜に向けて，みんなでお供えやお団子，ススキ，三方などを用意して飾り，月に手紙を書き添えていきます。

幼児期の終わりまでに育ってほしい姿をどのように指導に生かすか

　園庭にある草花に目を向けたり，果樹を見上げ色づきや大きさの変化に気付く。子どもの好奇心は，意外とある1点に集中する。数名が，同じ気持ちを抱き，心が1つになり，「あれ，あれ，でかい」「ねぇねぇ，そのよこのは」「1個だろ，2個だろ…」「あれ，赤い（黄色い）」と口々に自ら目で捉えた気持ちを伝え合う。そして，自然と数を数え始めたりする。幼児期の終わりまでに育ってほしい姿の思考する力や自然と関わる気持ち，数量や図形，文字などに遊びを通して触れている姿を捉えることができます。**子どものこうした好奇心から発せられる行動や言葉を共有し，確かな育ちとなるよう援助をしていくことが大切です。**また，社会慣習行事（お月見）などの機会では，単に経験する楽しさや面白さだけではなく，飾り付ける三方を創る過程で，図形や文字に触れる機会もあります。こうした体験を通して，遊びの中で気付かせ思考させていく保育者の役割は大きく，遊びの質の向上につながります。

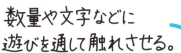

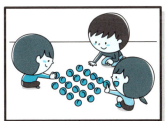

（安見 克夫）

事例 11 幼児期の終わりまでに育ってほしい姿
(1)健康な心と体　(3)協同性

5歳児：内容「健康・人間関係」

中当てをやってみよう！
～みんなで絶対勝ってやる！～

―― 事例の概要・計画 ――

　進級し，クラス替えもあった中で，新しい環境，遊具での遊びも一通り経験した年長児5月，子どもたちは昨年までと同じ人間関係だけの中で過ごしていると感じていました。

　そこで教師は「新しい人間関係もつくっていってほしい」と願い，誰もがすぐに入って楽しめる単純な遊びを通して人間関係を広げてほしいと考えました。そんな中，中当てであれば子どもたち同士が自然と関わり，偶発的にできるチームの中で，「当てる」「かわして残る」という分かりやすい遊びであり，友達と仲間意識をもって遊ぶことができるだろうと考えました。また，作戦や遊び方，ルール等，遊びに必要なことを自分たちで考えて進めることも経験できると考え，中当てに誘って遊び始めました。

―― イメージする「育ってほしい姿」 ――

　中当てをする中で，まず最後まで当てられずにいたいなど目的をもち，その思いに支えられながら，ボールの動きに合わせて，身体を反らしたりしゃがんだりなどしてかわそうとする姿が見られると考えます。

　そうした目的に向かう中で，前よりも上達したり，最後までかわし続けたりするなど，上達を感じたり，したいことが実現できたりする喜びを感じてほしいと考えました。また，友達と目的を共有することで，作戦を考えたり，考えた作戦通りにしようと力を合わせたりするなど，協同することにつながります。その中で，作戦が上手くいったり，目的が達成されたりする喜びを，友達と一緒に感じてほしいと考えました。

> **事例1**
> **中当てって楽しいな（5歳児5月）**
> ― ねらい ―
>
> 最後まで当てられずにいたいと思い，ボールの動きに合わせて，身体を反らしたりしゃがんだりなどしてかわそうとする。前よりも上達したり，最後までかわし続けたりするなど，上達を感じたり，したいことが実現できたりして喜ぶ。

　教師が円の外，A児，B児，C児，D児，E児の5人が中にいて中当てをしている。

　教師がボールを持って5人を笑顔で見て「いくで〜」と言うと，5人は笑顔で教師から離れる。教師が「とりゃ！」とボールを投げると，5人がかわす。教師がボールを追いかけながら「くそ〜！」と悔しがると，5人は笑いながらボールから離れ，顔を見合って，話をしている。

　そこで教師は，「よそ見している間に〜！」と言いながらA児にボールを当てる。A児は「あぁー」と眉をひそめ，残りの4人は顔をこわばらせてA児を見る。A児がボールをもって円の外へ出ると，4人はA児から離れ，A児が投げるボールを見てかわす。教師はボールを取って，円に沿って走る。4人は教師を見て，教師から目を離さずに走って離れる。教師は「全然よそ見してくれないから近付けない！待て！」と言ってキュッと走る方向を変える。4人は「わぁー！」と言いながら走る向きを変え，笑いながら教師から離れる。

　何度もA児と教師がボールを投げて，B児，C児，E児に当て，D児だけが残る。C児はD児に向かってボールを投げ，D児はボールを見て，すぐに身体を反転させてかわす。教師は「うわっ，回って避けた！」と言う。E児がボールを取り，D児に向かって投げ，D児はボールを見て，すぐに左下にしゃがんでかわす。何度も4人と教師が投げ，D児が身体を反らすなどしてかわすも，D児にボールが当たる。D児は笑顔で「でも最後まで残れた！」と話した。

解説

　中当てをし始めて間もないころで,子どもたちから「一緒にやってほしい」と誘われた教師は,子どもたちが中当ての面白さを十分に感じられるように支えていきたいと考えました。

　A児,B児,C児,D児,E児がボールから目を離し,話をしている間に教師は,よそ見をしているA児に,ボールを見続けなければボールを避けることができないことを意識できるように,よそ見をしている間が敵にとってはチャンスであることを言葉にしながらボールを当てました。そのことで,自分たちが当てられていてもおかしくない危機感を感じ,目を離したことが当てられた原因であると考え,ボールから目を離さないでいようとする意識につながり,B児,C児,D児,E児は,当てられないようにするにはボールから目を離さない方がよいと思って目を離さずに動いていました。

　D児はボールの動きに合わせて,身体を反転させたり,しゃがんだり,反らしたりしてかわしています。教師は,D児がボールを見て身体を反転させたり,しゃがんだり,反らしたりしてかわした際に,その都度タイミングを逃さず,いろいろな動きでかわすこと,ボールをよく見ることを意識してさらにかわしていけるようにしていることを具体的に褒めました。そのことで,ボールをかわすためのコツを意識することができ,さらにボールを見ていろいろな動きでかわす姿につながっていきました。

環境構成のポイント

　ボールを避ける動きを考えられるように,どの状況が敵にとって好機かを言葉にしながら負かしたり,それを目にする状況をつくったりします。ボールに合わせてかわす動きのよさを意識できるように,動きのよさを具体的に褒めます。

> **事例2**
> **みんなで先生を負かしたい（5歳児5月）**
>
>
>
> 友達と一緒に先生を負かすために，どうすれば負かすことができるか作戦を考えたり，考えた作戦通りにしようと力を合わせたりし，上手くいった喜びを友達と一緒に感じる。

　A児が円の外，8人の子どもと教師が中で中当ての2回戦が始まる。最後に教師だけが残り，子どもたち9人が何度もボールを教師に向けて投げるが当たらない。

　教師がほほえんで，「そんな攻撃で当てられると思っているのか？」と言う。A児は目を大きく開き，H児にひそひそ話をする。教師が「何か考えているな。作戦だな」と言うと，A児は「ちょっと来て！集まって！」と言い，9人は顔を寄せ，ひそひそ話をし，「よし！」と言って散らばる。A児はボールを持って教師を見て，C児，G児は教師の後ろに立ち，手を胸の前で広げる。A児はC児，G児をチラッと見てボールを投げる。教師はボールをかわす。C児はボールを取るとすぐ教師に向けて投げる。教師はボールをかわし「近くにいるうちにすぐ投げようとしているな！」と言う。ボールを上手くキャッチできずにすぐ投げられず，教師に当てられない時間が続く。

　F児が「ボールを増やすのはどう？」と言う。他の8人は「それいい！」とうなずく。教師が「ボール2個？　何という作戦。まあいい，全部かわしてやる！」と言うと，C児は走ってボールを1つ取ってくる。B児，C児がボールを1つずつ持ち，教師を挟む位置関係を保って左右に動く。教師が「どっちも見るのが難しいぞ…」と言うと，B児，C児は同時にボールを投げる。教師は素早く身体をひねるも，どちらのボールにも当たる。子どもたちは「よっしゃあ！」と笑顔で拳を上げ飛び跳ねる。教師はひざまずいて拳を地面にたたきつけ「くそーっ悔しい！どっちにも当たってしまった…」と言うと，子どもたちは教師を囲んで笑って顔を見合わせる。

解 説

　教師が残り1人になってから，なかなか当てられない時間を過ごさせることで，教師1人に子どもたち皆で向かっていくという分かりやすい関係をつくりました。そして，教師に当てたくなるように子どもたちの気持ちを高めています。そのことで，どうすれば教師に当てることができるかと考えるようになり，A児は，H児に思い付いた方法を伝えようとしました。その際，教師は，より作戦を広められるように，作戦を考えていることを言葉にして認めています。その後，A児は仲間全員で実行しようと考え，皆に伝えたり，作戦通りに仲間が教師の後ろにいることを確認したりして，教師をねらってボールを当てようとしました。また，C児は，作戦通り，教師の後ろに立ち，かわされたボールをすぐに取り，先生に向かってすぐに投げて当てようとしています。さらにF児は，ボールを増やすことを思い付いています。それら考えた作戦を順に実行していき，みんなで教師を負かすことができた喜びを友達と一緒に感じているのです。ボールを2つにする作戦がよかったと感じられるように，ボールが2つであることで教師が困った気持ちを言葉にしたことや，協力して当てることができた喜びを感じることができるように，大きな動きと言葉で悔しがったことが，作戦のよさや教師を負かすことができた喜びを，より一層感じることにつながっていきました。

環境構成のポイント

　友達と工夫したり，作戦を考えたりする気持ちが高まるように，教師に子どもたち全員で向かっていくなど，分かりやすい関係をつくったり，今のままでは解決できないことや教師の負けたくない気持ちを伝えて，子どもの勝ちたい気持ちを高めたりします。

幼児期の終わりまでに育ってほしい姿をどのように指導に生かすか

　遊びや生活の中で子どもの育ちの姿を見取るとき，子どもの育ちを捉える窓口をもっているかどうかで，育ちの姿が捉えられたり捉えられなかったりします。「幼児期の終わりまでに育ってほしい姿」の10項目は，子どもの育ちの姿を捉える窓口になります。１つ１つの事実をそれぞれの窓口から振り返ります。すると，子どもの育ちの姿が浮かび上がってくることが実感できます。教師は子どもが育っていこうとしている方向へ，どのように環境を構成し，援助していくことが，目の前の子どもにとって意味があるのかを判断し実行していきます。さらに，その反応から子どもの事実を捉えて振り返ります。振り返りの過程で，子どもの育ちを捉えるために必要な事実を見逃していることに気付かされることもあります。その気付きが，その後の子どもの事実を捉える力量を高めることにつながっていくのです。

（田中 孝尚）

事例12 幼児期の終わりまでに育ってほしい姿
(9)言葉による伝え合い

小学校1年　生活科：内容(1)「学校と生活」／(7)「動植物の飼育・栽培」

「がっこうたんけん」

事例の概要・計画

　スタートカリキュラムに基づいて指導する4月は，幼児教育との接続に十分配慮した指導を行います。

　幼児教育で育まれてきた「言葉による伝え合いの姿」を，子供が実態に応じて発揮できるように学習を計画します。

　幼児期と児童期の育ちや学びを接続する核となる教科が生活科です。内容(1)を中心に構成される「学校探検」等の単元で，学校のいろいろな場所へ行ったり，上級生，職員などと出会ったりする場面を保障します。事例は，学校探検で見付けた生き物を飼育する活動を内容(7)との関連でも展開します。

　「学校探検」は，国語の学習と合科的に扱う場面が多い学習です。子供が場面や相手に応じて，挨拶をしたり進んで話したり聞いたりできるようにするとともに，身近に起こったことや見付けたこと，困ったことなどを順序よく話したり大事なことを落とさないで話したりできるようにします。

　様々な人との出会いの場面で，教師や友達の話を注意深く聞く力も身に付けていきます。さらに，探検したことを簡単な絵や文字でも表現します。

イメージする「育ってほしい姿」

　発見したこと，知りたいこと，解決したことなどを進んで相手に伝えたり，友達の考えや学校の人等から聞いたことを自分の活動に活かしたりして，身近な人と共に活動する楽しさを味わう姿をイメージし，学習を進めていきます。

> **事例 1**
> **足が生えるのを見たい（1 年生 4 月）**
> ―― **ねらい** ――
> 身近な生き物を育てることを通して，それらの育つ場所，変化や成長の様子に関心をもち，それらは生命をもっていることや成長していることに気付き，生き物への親しみをもち大切にすることができる。

　入学後間もなく，池のオタマジャクシに足が生え出した。

　子供たちは，「オタマジャクシに足が生えるのを見たい」と言うが，池の水が泥で濁っているため思うようにいかない。そこで，「入れ物に入れて，きれいな水にすれば見えるはず」という A 児の意見にみんなが賛成して，入れ物探しが始まった。

　学校探検で培った力を活かし，入れ物は「水槽」が好ましいということ，それは理科室というところにあること，理科室への行き方を知っている子供がいること，理科室は鍵がかかっていて「職員室」という先生の部屋に鍵があること，先生に頼んで鍵を開けてもらうことなど，知っていることをみんなで発表し合い，活動を決めていった。

　理科室で水槽を手にした子供たちは，早速水道で水を入れた。しかし，水が重すぎて水槽を運べないことに気付き，A 児は，先に窓辺に水槽を置いてからバケツで水を入れる方法を提案した。この方法で，水槽の準備が出来上がり，子供たちは，足が生える様子を毎日楽しみにして観察していった。

　ある朝，水槽の中のオタマジャクシが一気にカエルになっていて，中には水槽から跳びだすカエルもいた。子供たちは，新しい家に替えなければならないと口々に言い，教室中大騒ぎになった。

　子供たちの考えは様々で，溺れないように水を減らす，水に草を入れる，水に石を入れる，水と土を入れる，土だけにするなど，これまでに経験したり本で読んだりしたことを発表し合った。そして，自分たちが考える新しい家をそれぞれがつくる活動に移っていった。

解説

4月のはじめ。池では、卵からかえったオタマジャクシが動き出します。登校時や休み時間に子供たちは、這いつくばるようにして、池の周りに集まり、オタマジャクシを見ています。触ったことがなくてなかなか手を出さない子供もいますが、そのうち手やカップ等ですくって、まるでおもちゃに夢中になるかのように、ひたすらすくっては池に返すことを繰り返すようになります。

この遊びを何日も行ううちに、子供たちは、オタマジャクシの変化や成長に興味をもつようになります。「足みたいなのが出てきた」「もっとよく見たい」「知りたい」という思いが、「オタマジャクシに足が生えるのを見たい」という子供たちのつぶやきにつながっていきます。

生活科は、単元同士のつながりを大切にします。学校探検で気付いたことを交流し合う場を設定することによって、水槽を手にすることができ、教室での飼育が始まります。しかし、この時期の1年生は飼育経験があまりないため、オタマジャクシの飼育にふさわしい環境を整えることが困難です。本で調べたり、飼育に詳しい教師の支援を受けたりするなどして飼育を続けていきます。

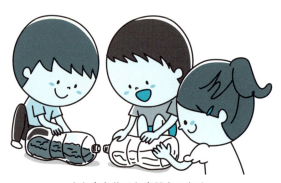

土と水を分けた容器をつなぐ

言葉による伝え合いのポイント

日常生活の中で対象に十分関わり、それぞれの子供が自分の感じ方や考え方を表現できるようにします。友達と活動しながら自分の考えを話したり、友達の考えを聞いたりすることによって気付きが深まるようにします。

> **事例2**
> **大変，地図を直そう（1年生4月）**
> ──── **ねらい** ────
> 　学校の施設の様子及び先生など，学校生活を支えている人々や友達のことが分かり，それらの人々との関わりを深める活動を通して，楽しく安心して遊びや生活ができるようにする。

「木の板が落ちていました」。

　1人の子供が手の平の大きさほどの木のパネルを廊下で拾ったことから活動が始まった。「これは何だろう」と友達同士で話し合ううちに，「靴箱のところにある大きな地図が壊れたんじゃないかな」と考える子供が出てきた。いろいろな人に聞いてみたところ，それが卒業制作の校舎地図から剥がれ落ちてしまった1枚のパネルであることが分かった。子供たちは，それを修理して校舎地図を元通りにしようと言い出した。

　「修理名人と言えばTさんだよ」「接着剤をもっているのもTさんだよ」「落ち葉掃きのお手伝いをしたことがあるから，どの人だか知ってる」という子供たちの話から，学校探検で関わった人々の中で，Tさんの名前が挙がり，相談をもちかけることになった。

　技術員室を探しTさんに会うと，Tさんは「一緒に直そうね」とパネルの接着の仕方を教えてくれ，校舎地図は完成していった。問題は解決したかのように見えたが，修理の際，子供たちは，自分たちのクラス「1-4」のプレートがないことに気付く。この春，1クラス増えたのである。

　「大変『1-4』がない」と子供たちが再度Tさんを訪ねると，Tさんは，「今度は，事務室のIさんに材料をもらって自分たちでやってごらん」との提案をした。

　このようにして子供たちは，自分たちの力でプレートづくりに挑戦し，見事にプレートを完成させていった。

解説

　4月も後半に近付くにしたがって，子供たちは学校生活にも慣れ，給食室や保健室を利用したり，音楽室や理科室等の特別教室に行ったりして，行動範囲を広げています。職員や上級生との関わりも増え，知りたいことや困ったこと等，身近な小さな問題の解決も経験して，自分たちの力で学校生活を楽しく豊かにできることに気付いてきています。

　落ちていたパネルに対して担任が，「先生が直しておくよ」と後始末をしてしまえば，子供たちの活動は生まれなかったでしょう。活動の様子を見守った教師の判断や，子供たちの「学校には不思議がいっぱい」という気付き，「自分たちで解決できそうだ」という自信が，このような活動へ誘ったと考えられます。

　ほぼ１か月間の学校生活で，誰に何を頼めば活動に協力してもらえるか，思いや願いが叶うかが分かってきた子供たちは，「修理名人はＴさん」と口々に言います。このことから，１か月間それぞれの子供たちが様々な場面でＴさんと関わりをもっていたことが分かります。

　Ｔさんが子供たちに関わる姿勢は，１年生を迎え入れる教職員全体の姿勢でもあります。活動のねらいをＴさんが理解して「一緒に直そう」と支援したことにより，子供たちは自らが問題を解決しているという意欲を一層高めます。そして，さらに，「１－４」のプレートをつくろうという「めあて」をもったとき，前回より少し高いハードルにも自分たちで挑んでいこうとする子供たちの姿を見ることができたのです。

言葉による伝え合いのポイント

　自分や友達の考えを共有する場面を逃さず，それぞれの気付きを次の活動に活かせるようにします。また，教職員間で活動のねらいに関する理解を共有することによって，子どもたちが思いや願いの実現に近付くことができます。

幼児期の終わりまでに育ってほしい姿をどのように指導に生かすか

　幼児期に育まれた言葉による表現への意欲を，1年生のスタートで丁寧に引き継ぎます。どの教科等においても，対話的な学びを保障するように学習展開を工夫したいものです。新たな環境で言葉を獲得することや，それを使った表現を楽しめるようにすることが大切です。

　学級全体での学習場面が増えることから，個人差に配慮しながら，それぞれの子供の表現を学習に活かし集団の学びをつくっていきます。自分の考えが活かされるという実感が，子供をさらに学習に意欲的に向かわせ，共に学ぶ楽しさ，伝え合う楽しさを味わっていきます。

　声の大きさを考えて話す，伝えたいことを順序立てて話す，相手が伝えたい話のポイントを逃さずに聞く等についても徐々に身に付くようにします。

「対話的な学び」により，共に学ぶ楽しさを味わう

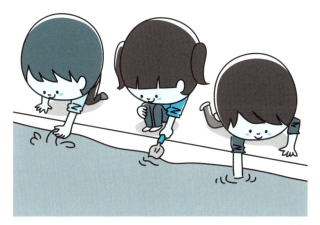

（益田 正子）

事例 13　幼児期の終わりまでに育ってほしい姿
(6)思考力の芽生え

小学校 1 年　生活科：内容(1)「学校と生活」

スタートカリキュラムから学校探検へ
単元名「がっこう　だいすき（学校探検）」（4月～7月）

事例の概要・計画

　小学校入学当初には，幼児期の生活に近い活動と児童期の学び方を織り交ぜながら，幼児期の豊かな学びと育ちを踏まえて，児童が主体的に自己を発揮できるようにする場面を意図的につくることが求められています。それがスタートカリキュラムであり，幼児期の教育と小学校教育とを円滑に接続する重要な役割を担っています。

　そこで，本校では，4月を児童が安心して小学校生活に慣れる時期と設定し，スタートカリキュラム「がっこうと　なかよし」を編成しました。児童が自分のよさを発揮しながら主体的に活動できるように，幼児期に近い環境を用意したり，弾力的に時間割を編成したりして，幼児期に育んだ力を小学校でも発揮できるように工夫しました。

　さらに，スタートカリキュラムを通して児童が学校内への興味・関心を広げていく様子を見取りながら，生活科の学校探検へと思いや願い，活動をつなげていくことにしました。

イメージする「育ってほしい姿」

　「幼児期の終わりまでに育ってほしい姿」は，児童期の初期に目指す姿とも重なります。そこで，スタートカリキュラムを実施しながら，児童1人1人のこれまでの学びと育ちを「10の姿」をもとにして評価しつつ，学校探検の単元計画の編成に生かすことにしました。

> **事例1**
> **「がっこうと　なかよし」（スタートカリキュラム）**
> **ねらい**
> 幼児期に親しんだ活動を取り入れたり，分かりやすく学びやすい環境づくりをしたりすることを通して，児童が学校生活に慣れ，安心できるとともに，楽しく学習しようとする意欲をもてるようにする。

　入学式の翌日，さっそく1年生の児童は，担任と一緒に学校めぐりを始めた。まずは，1年生の教室から一番近い職員室と保健室を訪れた。校長室の前で，「ここは園長先生のお部屋？」と質問した児童に，担任が「園長先生と同じように，小学校には校長先生がいらして，お仕事をするお部屋です。幼稚園のときは，園長室に入るときは，どうしていましたか」と話している。このように，園時代の学びを尊重しながら，似ていることや違っていることを一緒に考え相談しつつ，適応指導を進め学習規律の確立に努めている。

　他学年の児童が運動や読書，漢字計算の基礎学習をする朝の活動の時間を，1年生は校庭での自由遊びの時間とした。滑り台やジャングルジム，ブランコやタイヤ跳び等，思い思いの遊びをする。その中から，鬼ごっこやタイヤジャンケンといったグループでの遊びが発生したり，タンポポやシロツメクサの指輪をつくったり，虫捕りに夢中になったりと，遊びが広がっていく。担任は，遊びに入れない児童や戸惑っている児童に声をかけ，遊びの輪に加わらせていく。

　時間の工夫としては，例えば朝の会から1時間目を連続して設定し，幼児期に親しんできた歌やダンス，絵本の読み聞かせ，児童からのお話タイムなど，1日のスタートを楽しい気持ちで迎えられるようにしている。

　環境の工夫としては，生活科室にローテーブルや絵本，廃材などを配置している。児童は，幼稚園や保育所でやっていた折り紙やお絵かき，読書など，やりたい遊びを楽しんでいる。

解説

　スタートカリキュラムにおいては、1年生の児童にとって幼児期の生活に近い活動があったり、分かりやすく学びやすい環境の工夫がされていたり、人と関わる楽しい活動が位置付けられていたりすることが安心につながります。また、安心して生活することで自分の力を発揮できるようになり、自信を深め、次なる活動への意欲も高まります。このようなことを繰り返しながら、学習者として自立していきます。

朝の活動で自由遊びを楽しむ1年生

　そのためには、入学当初の児童の発達の特性に配慮し、15分程度の短時間での時間割を構成したり、逆に、ゆったりとした時間の中で学習が進めていけるように活動時間を設定するなど、時間割を弾力的に設定することが大切です。

生活科室で室内遊びを楽しむ1年生

　その際、全教職員でスタートカリキュラムの意義や考え方などを共通理解し、協力体制を組むなど、学校全体として取り組む姿勢が求められます。また、保護者にもその意義について、学級懇談会や学年だより等を使って理解を得ることも大切です。

環境構成のポイント

　これまで過ごしてきた幼稚園や保育所の室内になるべく近付けるように、生活科室の環境を整えました。そうすることで、児童が、思い思いの室内遊びや活動に取り組めるようになります。また、園生活で好きだった遊びに取り組めるようにもしました。

> **事例2**
> **「がっこう　だいすき」（4月～6月）**
>
> ― **ねらい** ―
>
> 　学校生活に関わる活動を通して，学校の施設の様子や学校生活を支えている人々や友達，通学路の様子やその安全を守っている人々などについて考えることができ，楽しく安心して遊びや生活をしたり，安全な登下校をしたりしようとする。

　スタートカリキュラム「がっこうと　なかよし」で学校めぐりを楽しんだ児童からは，「6年生の教室にも行ってみたい」「お母さんが図書室には本がいっぱいあるって言っていました」といった言葉が聞かれ，学校探検への興味・関心の高まりが見られる。担任は，そのような児童の思いや願いを大切にしながら学校探検の計画を立てていく。

　実際の活動では，2人組になって自分たちの行きたい場所や人の所に探検に行き，様子を調べたり質問をしたりした。学校めぐりを通して校舎内の様子をおおよそ把握し，自分たちだけでも歩けることに自信を付けた児童は，学校探検のルールを守りながら友達と協力して楽しそうに繰り返し活動した。

単元計画（配当時数20時間）

小単元名	主な学習活動	10の姿
友達と学校を探検しよう	自分の興味をもった場所に探検に行く。場所を変えて繰り返し探検し，見付けたことを伝え合う。	(2) (6)
学校にいる人と仲よくなろう	学校にいる人に，仕事や学校のことなど，自分が知りたいことを繰り返し聞きに行く。	(3) (6)
校庭を探検しよう	校地内の施設や飼育動物，草花，虫等に興味をもって校庭を探検する。	(6) (7)
探検で見付けたことを話そう	学校探検で見付けたことや気付いたことをカードに書き，それをもとに発表し合う。	(6) (9)
みんなで通学路を歩こう	みんなで通学路の一部を歩き，地域の人々や安全を守っている人々と触れ合い，安全な歩き方を知る。	(5) (6)

―――― 解　説 ――――

　児童は学校において，先生や友達と一緒に遊んだり学んだりして共に生活する楽しさを味わい，学校のことが分かり，集団の中での自分の行動の仕方を学んでいきます。特に，「思考力，判断力，表現力等の基礎」としての資質・能力に関しては，「学校の施設の様子や学校生活を支えている人々や友達，通学路の様子やその安全を守っている人々などについて考える」ことが期待されます。

　学校探検で図書室を見付け，「読んでみたいな」という思いをもった児童は，教室に戻りその思いを伝え合います。「2階にあるお部屋だよね」「僕のお兄ちゃんは図書委員で，本を貸すんだって」といった友達とのやり取りの中で，施設の位置や働きなどについて考えていくようになります。また，6年生の教室を訪ねた児童は，「6ねん1くみの　つくえは　すごいです。おおきかったです。はやく　おおきくなりたいです。」とカードに書きました。この児童は，6年生の机の大きさに驚き，1年生の机の大きさと6年生のそれとを比較して考えています。さらに，6年生へのあこがれや自分の成長への期待も表現しています。

　このように，学校の施設や利用している通学路にあるものを見付けたり，そこで働く人々と触れ合ったりすることを繰り返す中で，児童は学校に自分の居場所やお気に入りの場所を見付け，多くの人々と交流し，安心して学校生活を送ることができるようになります。

校舎図の前で情報交換する児童

――― 環境構成のポイント ―――

　生活科室の前の掲示コーナーに大きな校舎内の地図（略図）を掲示しました。児童は，探検で見付けたものを絵にして地図に貼ったり，地図の前で友達と互いに情報交換したりしながら，学校の様々な様子について考えを深めていきます。

幼児期の終わりまでに育ってほしい姿をどのように指導に生かすか

　小学校入学当初において，児童が主体的に自己を発揮しながら学びに向かうようにするためには，何よりも幼児期の学びと育ちを理解することが大切です。その上で，「10の姿」を学校探検などにおいて発揮できる機会を増やす工夫をすることが重要です。さらには，日々の活動やスタートカリキュラム，学校探検といった学習において，児童がどのような「10の姿」を発揮しているかを，１人１人丁寧に見取っていくことが，担任には求められます。

　本実践学級（児童数24名）では，４月末では14，５月末では22，６月末では34と，記録簿にチェックされる「10の姿」の数が明らかに増えていきました。これは，入学以来，日々多様な学習や活動を経験した児童が，安心して「10の姿」を発揮する機会が増え，伸び伸びと学校生活を送るようになったことによると考えます。

理科室には不思議がいっぱい

この本，読んでみたいな

（小川 聖子）

COLUMN 2

「幼児期の終わりまでに育ってほしい姿」が学力向上や社会で活躍する鍵になる?!

　本書で取り上げる「幼児期の終わりまでに育ってほしい姿」（以下「10の姿」）とは，知識及び技能の基礎，思考力，判断力，表現力等の基礎，学びに向かう力，人間性等など，「3つの資質・能力」の具体的な目標として定められたものです。これらは「環境を通して行う教育」の下，遊びを通した総合的な指導によって育まれることから，それぞれの園では，固有の特性や実状に応じながら全体的な計画を編成し，組織的・計画的に教育活動の質を高めることが大切です。そのような中において子どもたちは，豊かな経験を通して知らず知らずのうちに「10の姿」が育まれ，ひいてはそれらが学力の向上や社会で活躍する鍵となるのです。

　幼児期の豊かな経験が学力の向上や社会で活躍する鍵となることについては，背後に欧米の長期縦断研究の成果があります（e.g. ヘックマン 2013; Sylva, el. al 2004）。例えば，幼児教育を2年以上受けた子どもは，全く受けていない子どもよりもPISA（15歳時学習到達度）の得点が高いこと，脳の成長は8歳ごろには95％までに達し，特に言語・数学などの認知的能力，意欲・忍耐力・協調性などの非認知的能力の発達が著しいこと，公共政策としての幼児教育の充実が犯罪率の低下，労働者生産効率の向上，10代妊娠の減少など，個人的・社会的リスクの軽減につながることなどが示されています。こうした動向のもと，2015年4月，日本でも「子ども・子育て支援新制度」がスタートし，幼児教育の質向上に取り組んでいるのは周知の通りです。

　それでは一体，幼児期の豊かな経験を通して「10の姿」を育むことが，なぜ学力の向上や社会で活躍する鍵となるのでしょうか。子どもの中に育つ「3つの資質・能力」には，認知的能力と非認知的能力が含まれます。例えば，気付いたり，分かったり，できるようになるなど知識及び技能の基礎は，認知的能力と関連があり，小学校以降の学業の礎として捉えることができます。他方，意欲，意思，頑張る力など学びに向かう力は，非認知的能力と関連があり，人間力や生

き抜く力として生涯にわたって影響を与えます（Kautz, el. al 2014）。
　認知的能力が知識や思考力など知的な育ちを指すのに対して，非認知的能力は，社会性や感情の育ちを指すことから社会情動的スキルとも呼ばれます。具体的には，粘り強く取り組んだり，他者と協働したり，思い通りにならないことがあっても感情を整えて気持ちを立て直したりする力のことです。社会情動的スキルは，8歳頃までに顕著に発達し，長期に渡って持続し，学校での学力や学習態度，職場での働きぶりや人間関係，将来の年収や社会的地位など，生涯を通じて影響を与えることが指摘されています（e.g. ヘックマン 2013）。特に，これからの労働市場は，人工知能などの技術革新に伴い，知識や思考力よりもむしろ社会情動的スキルに対する要請が高まっています。この点を踏まえると，幼児期の終わりまでに「10の姿」を育むことが高校生になったとき，進学や就職など自らの生涯設計に肯定的な展望をもったり，大学生になってからも，目標に向かって自律的に努力したりする力につながります。また，社会人になったとき，先輩や上司に信頼され，後輩や部下に慕われるような活躍が期待されます。
　どんなに偏差値の高い有名大学を卒業しても，すぐにやる気をなくしたり，コミュニケーション能力に欠けていたり，否定的な感情が顔に出たりするような人は，社会で活躍できません。幼児期の豊かな経験を通して「10の姿」を育むことは，コミュニティで共有される知識やルールを身に付け，他者を思いやり，他者から慕われるなど，豊かな人生を送ることにつながるのです。　　　（中坪 史典）

引用文献
(1) ジェームズ・J・ヘックマン（著）・大竹文雄（解説）古草秀子（訳）2013『幼児教育の経済学』東洋経済新報社
(2) Kautz, T. el ai. 2014 *Fostering and Measuring Skills: Improving Cognitive and Non-Cognitive Skills to Promote Lifetime Success*. OECD Education Working Papers 110. OECD Publishing. Paris.
(3) Sylva, K., Melhuish, E., Sammons, P., Siraj-Blatchford, I., & Taggart, B.（2004）The Effective Provision of Pre-school Education（EPPE）Project: Final Report. DfEC Publications.

[編著者]

無藤 隆　Muto Takashi
白梅学園大学大学院特任教授

1946年生まれ。東京大学教育学部教育心理学科卒業。お茶の水女子大学生活科学部教授，白梅学園大学学長，白梅学園大学大学院子ども学研究科長を経て，現職。平成29年の幼稚園教育要領・学習指導要領の改訂に際しては，文部科学省中央教育審議会委員・初等中等教育分科会教育課程部会長を務める。また，幼保連携型認定こども園教育・保育要領の改訂に関する検討会座長として『幼保連携型認定こども園教育・保育要領』の改訂にも携わる。主な著書に『イラストたっぷり やさしく読み解く 幼保連携型認定こども園教育・保育要領ハンドブック』（学研プラス），『イラストで読む！ 幼稚園教育要領 保育所保育指針 幼保連携型認定こども園教育・保育要領はやわかり BOOK』（学陽書房），『これからの保育に！毎日コツコツ役立つ保育のコツ50』（フレーベル館）など多数。

[執筆者]　※執筆順・平成30年3月現在

CHAPTER 1

松永　静子	白梅学園大学特任准教授
寺田　清美	東京成徳短期大学
北野　幸子	神戸大学大学院准教授
岡上　直子	公益社団法人　全国幼児教育研究協会理事長
無藤　隆	白梅学園大学大学院特任教授
津金美智子	名古屋学芸大学教授
岩立　京子	東京学芸大学教授
吉田伊津美	東京学芸大学教授・学長補佐
古賀　松香	京都教育大学准教授
矢藤誠慈郎	岡崎女子大学教授
佐藤　有香	こども教育宝仙大学准教授
西坂小百合	共立女子大学准教授

田代　幸代	共立女子大学准教授	
井上美智子	大阪大谷大学教授	
野口　隆子	東京家政大学准教授	
吉永　安里	國學院大學准教授	
若山　育代	富山大学准教授	
清水　益治	帝塚山大学教授	
神長美津子	國學院大學教授	
木村　吉彦	上越教育大学教授	
相馬　靖明	保育のデザイン研究所	

COLUMN 1

篠原　孝子	聖徳大学講師

CHAPTER 2

山下　文一	松蔭大学学科長・教授
中村　章啓	（福）柿ノ木会野中保育園事務長
北野　久美	あけぼの愛育保育園園長
青木　一永	社会福祉法人檸檬会副理事長（統括園長）
佐々木　晃	鳴門教育大学附属幼稚園園長
牧野　彰賢	（福）ほうりん福祉会理事長
中山　昌樹	認定こども園　あかみ幼稚園理事長
中山芙充子	広島大学附属三原幼稚園教諭
輿水　基	認定こども園　阿久根めぐみこども園園長
田代恵美子	墨田区立花幼稚園園長
安見　克夫	板橋富士見幼稚園園長
田中　孝尚	神戸大学附属幼稚園副園長
松本　法尊	神戸大学附属幼稚園教諭
益田　正子	横浜市立鶴見小学校校長
小川　聖	行田市立南河原小学校校長

COLUMN 2

中坪　史典	広島大学准教授

幼児期の終わりまでに
育ってほしい10の姿

2018（平成30）年 3 月30日　初版第 1 刷発行
2023（令和 5）年11月 3 日　初版第14刷発行

編著者　無藤 隆
発行者　錦織 圭之介
発行所　株式会社 東洋館出版社
　　　　〒101-0054
　　　　東京都千代田区神田錦町2丁目9番1号
　　　　　　　コンフォール安田ビル2階
　　　　代　表　TEL：03-6778-4343
　　　　　　　　FAX：03-5281-8091
　　　　営業部　TEL：03-6778-7278
　　　　　　　　FAX：03-5281-8092
　　　　振　替　00180-7-96823
　　　　ＵＲＬ　https://www.toyokan.co.jp

［装　丁］中濱 健治
［イラスト］おおたき まりな
［本文デザイン］竹内 宏和（藤原印刷株式会社）
［印刷・製本］　藤原印刷株式会社

ISBN978-4-491-03514-7　Printed in Japan

JCOPY ＜(社)出版者著作権管理機構委託出版物＞
本書の無断複写は著作権法上での例外を除き禁じられています。
複写される場合は、そのつど事前に、(社)出版者著作権管理機構
（電話 03-5244-5088、FAX 03-5244-5089、e-mail：info@jcopy.or.jp）
の許諾を得てください。